QCM
de Culture Générale

Histoire – Arts et lettres – Monde actuel

Éditions d'Organisation
1, rue Thénard
75240 Paris Cedex 05
www.editions-organisation.com

Chez le même éditeur

La préparation des examens et concours

Rapports de stage et mémoires, B. Camus ;
Réussir la soutenance de rapports, mémoires et travaux, B. Camus ;
Réussir sa dissertation d'examen ou de concours, J.-D. Commeignes et M. Fayet ;
L'entretien aux examens et concours, G. Delaire ;
La dissertation de culture générale, M.-J. Gourmelin et J.-F. Guédon ;
La note de synthèse, J.-F. Guédon et F. Laborde ;
Analyse et commentaire de textes, J.-F. Guédon.

Pour la préparation aux concours de catégorie A

Jean-François Guédon et Brigitte Simonot
Les QCM des concours administratifs de catégorie A

Pour la préparation des concours administratifs de catégories B et C

J.-F. Guédon, V. Clisson, B. Sintsimon, I. de Loupy, I. Marco, P.-F. Guédon
Les épreuves de préselection
L'épreuve de QCM
L'épreuve d'explication de texte
L'épreuve de français
L'épreuve de mathématiques
L'épreuve de tests de raisonnement logique
L'épreuve de tableaux numériques

ISBN : 2-7081-2406-4

Jean-François GUÉDON
Isabelle de LOUPY
Pierre-François GUÉDON

QCM de Culture Générale

Histoire – Arts et lettres – Monde actuel

Collection dirigée par Jean-François Guédon
ancien élève de l'ENA

Troisième édition

Deuxième tirage 2002

Éditions d'Organisation

Aux Editions d'Organisation

Dans la même collection

Les QCM de Culture Générale

J.-F. Guédon, I. de Loupy, S. Gelin, M.-H. Balavoine, C. de Loupy, I. Marco

Tome 2. Économie et société françaises

Tome 3. Europe et Union européenne

Tome 4. Les Institutions françaises

Tome 5. La fonction publique

Tome 6. La mondialisation

Tome 7. Sciences et techniques (+ CD-Rom)

Tome 8. La France et ses régions

Tome 9. Les collectivités territoriales

QCM de Finances publiques

Sommaire

Introduction

1 Qu'est-ce qu'un QCM ?

2 Votre stratégie pour les QCM

3 Les QCM doivent vous servir
aussi à mémoriser
Utilisez intelligemment cet ouvrage

4 Les dix défauts à éviter

5 Les pièges par excès ou par défaut

1. Qu'est-ce qu'un QCM ?

Dans une épreuve de QCM – Questionnaire à Choix Multiple – le candidat doit sélectionner la réponse juste parmi deux, trois ou quatre suggestions (et parfois plus).
Il s'agit donc, en principe, d'une réponse ponctuelle et fermée, ce qui s'oppose à la fois aux questions-réponses ouvertes et aux QROC (questions à réponses ouvertes et courtes).

Quel est l'intérêt de la formule ?

Le QCM constitue un bon test, soit pour la culture générale, soit pour les diverses disciplines des examens et concours.
Sur le plan administratif et technique, son plus grand avantage est évidemment la facilité des corrections (possibilité de traitement automatisé). Le QCM est donc employé depuis longtemps dans des examens et concours de très haut niveau scientifique (exemple : internat de médecine).
Le QCM peut aussi avoir un aspect ludique, s'apparentant à un jeu de société.

Cette formule se développe-t-elle officiellement ?

La formule est de plus en plus utilisée dans les Grandes Ecoles ou Instituts de formation, soit pour les concours ou examens d'entrée, soit en cours de scolarité et pour l'obtention des diplômes terminaux. Elle sert pour les épreuves de présélection ou préadmissibilité, qui tendent à se multiplier dans tous les Ministères, notamment au Ministère de l'Économie, des Finances et de l'Industrie (voir l'ouvrage de la collection MÉTHOD'SUP consacré aux *Épreuves de présélection*). Elle apparaît également dans des concours administratifs importants. Voir par exemple ci-après l'arrêté du 2 janvier 1992 relatif aux Instituts régionaux d'Administration (concours interministériel de base pour l'accès aux fonctions d'Attaché ou Inspecteur, organisé par la Direction générale de l'Administration et de la fonction publique).

1er exemple

Concours des I.R.A.

Arrêté du 2 janvier 1992 fixant la nature, la durée et le programme des épreuves des concours d'entrée aux Instituts régionaux d'administration.

Titre Ier – Nature et durée des épreuves

Section I – Concours externe

Une épreuve constituée d'une série de questions à choix multiple ou appelant une réponse courte, destinée à évaluer à la fois les connaissances générales des candidats et leurs connaissances des éléments fondamentaux de droit public, de droit communautaire et des politiques économiques (durée : trois heures ; coefficient 4)

Section II – Concours interne

Une série de questions à choix multiple ou appelant une réponse courte, portant sur les questions administratives et faisant appel aux éléments fondamentaux du droit public, du droit communautaire et des politiques économiques (durée : trois heures ; coefficient 4).

2e exemple

Concours des communautés européennes

Concours général des administrateurs adjoints

Epreuve de présélection

Epreuve constituée de 80 questions à choix multiple portant sur des sujets relatifs à différents domaines tels que les arts, les sciences et technologies, l'histoire, la géographie, l'économie, le droit, la politique, l'actualité, ainsi que les principaux développements de l'unification européenne et des différentes politiques communautaires.

Questions numérotées de 1 à 80.

Durée : 40 minutes

N.B. Les réponses sont cotées selon les critères suivants :

+ 1 pour réponse correcte
0 pour non réponse
- 1/3 pour réponse incorrecte

Voir dans la Collection MÉTHOD'SUP l'ouvrage de Jean-François GUÉDON et Brigitte SIMONOT, *Les QCM des concours administratifs de catégorie* A (avec les annales des IRA).

2. Votre stratégie pour les QCM

Tout dépend évidemment de votre situation... Vous pouvez les pratiquer en dilettante ou amateur distingué, pour votre plaisir ou en jeu de société. Dans ce cas, aucun problème – si ce n'est celui de la compétition avec vous-même ou avec vos amis.
Mais ce peut être aussi en situation de compétition dure, tendue, et avec la nécessité de gagner des points (... ou tout au moins de ne point trop en perdre par rapport à vos concurrents).
A vous, alors, d'apprendre à bien programmer, et de mettre au point de bonnes méthodes de travail pour le jour du concours.
Calculez bien de façon à vous donner une bonne marge de sécurité :

– pour vérifier vos réponses ;
– pour présenter votre copie de façon impeccable.

S'il s'agit d'une épreuve mixte (exemple : QCM + QROC), vous devez traiter les QCM le plus rapidement possible : le temps ainsi gagné (... à condition de « faire un sans faute ») vous permettra de gagner de précieux points de bonification dans l'autre partie de l'épreuve.

A cet égard, une comparaison avec le patinage artistique est intéressante :

– le QCM correspond aux « figures imposées » où chaque concurrent, sauf pénalisation, devrait obtenir la note maximale ;
– les QROC, ou autres questions ouvertes, correspondent aux « figures libres », destinées à permettre aux meilleurs de mieux s'exprimer, en fournissant les réponses les plus riches.

Afin de remplir au mieux la première partie du programme, il faut parfaire à la fois votre culture (... œuvre de longue haleine et sans cesse à renouveler), votre connaissance des matières de base (... en agençant bien votre travail de révision), et votre technique – par un entraînement auquel ce petit livre doit contribuer à vous aider considérablement.

3. Les QCM doivent vous servir aussi à mémoriser Utilisez intelligemment cet ouvrage

- **D'abord, apprendre à réfléchir**
  Vous allez mettre au point des *méthodes astucieuses* de découverte, investigation et contrôle.

- **Mieux mémoriser**
  Vous allez vous donner des *repères*, mieux retenir les *dates et chiffres-clés*, et bien maîtriser les *cadres spatio-temporels*.

- **Avoir envie de réviser...**
  Grâce au recueil des QCM, vous allez réviser *toutes vos bases* en histoire, géographie, littérature...

- **...et d'étendre vos connaissances**
  Vous avez certainement eu envie d'étendre vos investigations, de compléter les séries, d'en savoir plus.

Profitez du QCM pour vous enrichir intellectuellement, de façon vivante et agréable.

Bien maîtriser les connaissances essentielles, savoir vous situer dans le temps et dans l'espace, développer vos qualités de raisonnement, c'est affirmer à la fois votre culture et votre personnalité.

Au fil de cet ouvrage, nous vous donnerons aussi quelques conseils et indications qui vous seront utiles pour les épreuves orales de culture générale.

En fonction de notre expérience des jurys, nous avons sélectionné beaucoup de questions qui reviennent très souvent, notamment au cours des épreuves de conversation.

Et nous vous indiquerons comment et dans quel esprit il sera bon d'y répondre, conformément aux attentes des jurys.

4. Les dix défauts à éviter

1 **Aller trop lentement**... et ne pas réussir à terminer l'épreuve.

2 **Aller trop vite**... et commettre beaucoup d'erreurs.
Ne pas confondre vitesse et précipitation !

3 **Jouer trop souvent à « pile ou face »**...
L'épreuve n'est pas une loterie. Trop de candidats se fient au hasard, sans se donner la peine de réfléchir.
Ne jouez à « pile ou face » qu'à titre exceptionnel. Quand vraiment vous ne pouvez pas faire autrement. Quand vous êtes pris par le temps...

4 **Laisser la panique s'instaurer**... et ne pas être capable de réagir.

5 **Buter sur une question et s'y arrêter trop longtemps**.
Attention : il faut vous établir un programme, en réservant une marge de sécurité.
Si vous butez sur une question, n'y perdez pas plus d'une minute. Passez à la suivante, et vous reviendrez sur le « trou » à la fin de l'épreuve.
Une défaillance ponctuelle est moins grave qu'un arrêt au milieu de l'épreuve.

6 **Tomber dans les pièges**... faute de réflexion et de bon sens.

7 **Voir des pièges là où il n'y en a pas**...
C'est le défaut inverse, qui fait commettre des erreurs fatales à beaucoup de candidats.

8 **Ne pas penser aux interférences**...
Une question peut en appeler une autre, et les deux réponses doivent être établies conjointement.
Souvent une question vous mettra sur la bonne voie pour traiter la ou les suivantes...

9 **Ne pas vérifier.** S'il vous reste du temps, vous l'emploierez utilement à bien vérifier chacune de vos réponses.

10 **Vouloir tout changer au dernier moment...**
C'est le défaut inverse. Attention aux mauvaises inspirations qui viendraient au dernier moment.

5. Les pièges par excès ou par défaut

Le jury peut se complaire à vous tendre des pièges par excès ou par défaut.

Les pièges par excès

Il y a plus d'une bonne réponse, et il peut même arriver que toutes les réponses soient bonnes.
Voici un exemple : « Qu'évoque pour vous le nom de CHIHUAHUA ? »

- □ Une race de chiens très petits, d'origine mexicaine.
- □ Une ville célèbre dans les westerns (films ou romans, récits d'aventures, bandes dessinées...).
- □ Le nom de l'un des Etats fédérés du Mexique.

Le candidat prendra soin de cocher les trois cases.
En effet, le chihuahua est bien un chien terrier d'origine mexicaine (c'est le plus petit de tous les chiens : 16 à 20 cm de hauteur, et 1 à 2 kg...).
CHIHUAHUA est maintenant une grande ville du Mexique septentrional (plus de 500 000 habitants), et la capitale de l'Etat du même nom.
Elle a toujours été le centre d'une région minière importante, et possède une grande usine de traitement de l'uranium.
Pour rendre le questionnaire encore plus difficile, le jury aurait donc pu ajouter :

- □ Un lieu de rassemblement des chercheurs d'or au XIXe siècle.
- □ Un centre minier, avec usine de traitement de l'uranium.

Notre conseil

Si plusieurs réponses vous semblent bonnes, vérifiez avec soin : elles le sont peut-être toutes.

Les pièges par défaut

Aucune réponse n'est valable.

Voici un exemple, toujours choisi dans le domaine géographique :
« Lesquelles de ces îles appartiennent à la Polynésie française ? »

- ☐ Aléoutiennes
- ☐ Hawaï
- ☐ Kouriles
- ☐ Mariannes
- ☐ Midway
- ☐ Philippines

Il ne faut cocher aucune case, même lorsque le nom semble français : les Aléoutiennes étaient russes avant de devenir américaines ; les îles Mariannes sont sous la tutelle des Etats-Unis ; les Philippines furent espagnoles, puis sous tutelle américaine, et accédèrent à l'indépendance en 1946.

Bien d'autres types de pièges seraient possibles, car l'imagination des jurys est très fertile... Mais ne vous inquiétez pas trop : si les pièges peuvent se trouver souvent dans les exercices ludiques ou au cours des entraînements, ils sont plus rares dans les épreuves officielles.

Premiers tests pour vous évaluer

1. Connaissance de la France
2. Histoire
3. Connaissance du monde
4. Réponses et commentaires
5. Evaluation de vos performances
6. Exemple de barème

Nous vous proposons, une série de tests dans trois domaines* :

– **connaissance de la France ;**
– **histoire ;**
– **connaissance du monde.**

Ils sont conçus en fonction de cinq niveaux de difficultés :

1 – très facile, élémentaire,
2 – facile, ou assez facile,
3 – difficulté moyenne,
4 – difficile,
5 – très difficile (niveau de l'érudition).

Exercez-vous à répondre assez rapidement – et vous pourrez estimer votre niveau. Les trois premiers niveaux peuvent s'apprécier par rapport aux programmes des lycées ou collèges (niveau du baccalauréat ou très bon niveau de brevet). Aux niveaux les plus élevés, vos réponses seront peut-être inégales... Peut-être aussi êtes-vous très bon dans certains domaines, très faible dans d'autres.

Pour déterminer votre stratégie, en fonction de vos objectifs universitaires ou professionnels, ou de vos centres d'intérêt personnels :

* faut-il continuer à investir là où vous êtes déjà fort ou assez fort ?
* ou faut-il travailler en priorité là où vous avez des carences graves ?

C'est une stratégie parfois délicate à mettre au point pour les candidats aux concours...

Notre conseil : il faut, en principe, savoir le minimum dans chaque matière pour éviter toute catastrophe ou note éliminatoire. Pour le reste, déterminez-vous assez librement, à la fois en fonction de vos objectifs professionnels et de vos goûts personnels.

* *Pour ces premiers tests, les réponses et commentaires sont en page 41.*

1. Connaissance de la France

Nous vous proposons de répondre à cinq séries de questions, qui vous sont présentées par ordre de difficulté croissante.

Niveau 1 — Données élémentaires

1 **Superficie** en milliers de km^2

- ☐ 251 000 km^2
- ☐ 451 000 km^2
- ☐ 551 000 km^2
- ☐ 651 000 km^2
- ☐ 757 000 km^2

2 **Population** (chiffre arrondi au million d'habitants)

- ☐ 42 millions
- ☐ 47 millions
- ☐ 52 millions
- ☐ 59 millions

3 **Point culminant**

- ☐ Crêt de la Neige
- ☐ Mont-Blanc
- ☐ Mont du Record
- ☐ Pic supérieur
- ☐ Puy de Sancy

4 **Fleuve le plus long**

- ☐ Loire
- ☐ Rhône
- ☐ Seine

5 **Distance nord-sud**, estimée entre Dunkerque et Prats-de-Mollo

□ 113 km
□ 173 km
□ 573 km
□ 973 km
□ 1999 km

6 **Distance est-ouest**, estimée entre l'Alsace (Lauterbourg) et la Bretagne (pointe de Corsen, à l'ouest de Brest)

□ 113 km
□ 145 km
□ 545 km
□ 945 km
□ 1945 km

7 **Centre géométrique**

□ La gare de Vierzon
□ Paris (capitale)
□ Orléans (chef-lieu de la région Centre)
□ Saint-Amand-Montrond (Cher)
□ Le Capitole

8 **Forme du pays**
La France est décrite comme pouvant s'inscrire dans un hexagone presque régulier.
Quel en est le nombre de côtés ?

□ 3 côtés
□ 5 côtés
□ 6 côtés

9 **Nombre de régions**
(France métropolitaine)

□ 22
□ 32
□ 42

10 **Nombre de départements** (en comptant les quatre départements d'outre-mer)

□ 75
□ 90
□ 100

Quelques remarques sur les questions

1 et 2. Superficie et population. Il s'agit de deux données fondamentales, que vous devriez avoir parfaitement présentes à l'esprit. Elles serviront fréquemment de références au cours des travaux ultérieurs.

3 et 4. Notre plus grand sommet et notre plus grand fleuve : il n'est pas permis de les ignorer...

5 et 6. Les distances nord-sud et est-ouest : vous devez connaître les ordres de grandeur, et donc trouver facilement le bon chiffre.

7 et 8. Il vous faut avoir en tête la forme de notre pays... et ne pas tomber dans le premier petit piège venu...

9 et 10. La géographie administrative ne doit pas être méconnue, surtout à l'heure de la décentralisation !

Les jurys sont gravement déçus, lors des concours, lorsque des candidats (pouvant être bardés de diplômes ou fonctionnaires déjà chevronnés...) citent des chiffres encore plus aberrants que les chiffres erronés de ce QCM.

Niveau 2 Connaissances générales

1 **Pays limitrophes de la France**
(Eliminez ceux qui ne le sont pas)

Allemagne – Belgique – Danemark – Espagne – Italie – Luxembourg – Pays-Bas – Portugal – Roumanie – Suisse.

2 Indiquez où prennent leur **source** les fleuves suivants :

□ *1* - Garonne	□ *a* - Espagne (Val d'Aran)
□ *2* - Loire	□ *b* - Mont Gerbier de Jonc (Ardèche)
□ *3* - Seine	□ *c* - Plateau de Langres (Côte d'or)
□ *4* - Rhin	□ *d* - Canton des Grisons (Suisse)
□ *5* - Rhône	□ *e* - Massif du Saint-Gothard (Suisse)

(Rapprocher chaque numéro et la lettre correspondante).

3

Nombre annuel de décès (chiffres arrondis)	**Nombre annuel de naissances** (trouver la moyenne au cours des dernières années)
□ 50 000	□ 50 000
□ 100 000	□ 150 000
□ 200 000	□ 250 000
□ 300 000	□ 500 000
□ 500 000	□ 700 000

4 Classez les **cinq premières villes françaises** en fonction de leur population.
Il vous faut trouver au moins les trois premières. Le jury sera très sévère pour les candidats qui ne donneraient pas immédiatement la première, et indulgent pour ceux qui hésiteraient entre la deuxième et la troisième.

□ Bordeaux
□ Lille
□ Lyon
□ Marseille
□ Paris

5 **Pourcentage de la population urbaine**

□ 20 %
□ 50 %
□ 80 %

Niveau 3 Connaissances précises

1 **Superficie** de la France par rapport à celle de l'Europe

□ 1/4
□ 1/10
□ 1/12
□ 1/15
□ 1/18

2 Les **affluents du Rhône** (... avec un piège !)
Marquez avec un **d** ceux qui viennent de la rive droite et avec **g** ceux qui viennent de la rive gauche.

□ Ardèche
□ Ain
□ Arve
□ Drôme
□ Durance
□ Gard
□ Guiers
□ Isère
□ Saône
□ Tarn

(Les jurys estimeront que vous devez connaître les plus grands, ou ceux qui ont donné leur nom à des départements. Ils seront indulgents pour les plus petits).

3 Les **départements alpins**
Sur la liste suivante, cochez les départements alpins (éliminez les autres).

□ Alpes de Haute-Provence
□ Hautes-Alpes
□ Alpes-Maritimes
□ Drôme
□ Isère
□ Savoie
□ Haute-Savoie
□ Var
□ Vaucluse

4 Quelle est la **commune la plus froide** de France ?

□ Epinal
□ Luxeuil
□ Morbier
□ Mouthe
□ Nancy
□ Saint-Véran

(La bonne réponse n'est peut-être pas très connue, si ce n'est des amateurs de ski de fond... mais il s'agit d'une commune souvent citée sur les ondes au cours des bulletins météorologiques).

5 **Taux de mortalité et taux de natalité**. Cochez les deux bonnes réponses en marquant ***m*** et ***n***.

□ 1 pour mille habitants	□ 10
□ 2	□ 12
□ 5	□ 14
□ 9	□ 15
□ 20	□ 25

Niveau 4 Connaissances approfondies

1 **Superficie** de la France par rapport à l'ensemble des terres émergées sur notre planète.

□ 0,3 %
□ 0,8 %
□ 1 %
□ 1,2 %
□ 1,4 %

2 **Longueur des frontières** de la France

□ 1 515 km
□ 1 942
□ 2 700
□ 2 970
□ 5 670

3 Voici des chiffres qui indiquent la **longueur de nos frontières avec des pays voisins**.
Retrouvez **à quel pays correspond chacun de ces chiffres** :

□ 650 km	□ *a* - Allemagne
□ 620	□ *b* - Belgique
□ 572	□ *c* - Espagne
□ 515	□ *d* - Italie
□ 450	□ *e* - Luxembourg
□ 73	□ *f* - Suisse

4 **Pays limitrophes** de nos départements et territoires d'outre-mer.

Territoires français	*Pays limitrophes*
□ 1 - Antarctique (divers territoires)	□ a - Australie
□ 2 - Guyane	□ b - Brésil
□ 3 - Saint-Martin (Antilles)	□ c - Guyana
	□ d - Nouvelle-Zélande
	□ e - Pays-Bas
	□ f - Surinam
	□ g - Zambie

5 Voici les noms de petits massifs montagneux. Quels sont ceux qui appartiennent à l'ensemble des « **montagnes tyrrhéniennes** » ?

□ Causses
□ Cévennes
□ Estérel
□ Maures
□ Montagne-Sainte-Victoire
□ Ventoux

Niveau 5 **Erudition**

1 **Classement des terrains géologiques**
Voici une liste de terrains, classés dans l'ordre alphabétique. Retrouvez l'ordre chronologique (et donnez des exemples choisis parmi les principaux sites concernés... précision pouvant être demandée à l'oral).

Cambrien
Carbonifère
Crétacé
Dévonien
Eocène
Jurassique
Néocène
Permien
Silurien
Triasique

2 Voici une longue **liste de rivières**.
Trouvez à quel bassin elles se rattachent : Garonne – Loire – Rhin – Rhône – Seine.

Aa	Adour	Agly	Agout	Ailette
Aire	Aisne	Allier	Arc	Armançon
Arroux	Arve	Aube	Aude	Aumance
Authie	Baïse	Beuvron	Charente	Cisse
Drac	Erdre	Essonne	Eure	Gard
Gartempe	Gélise	Hers	Ill	Lay
Loir	Lozère	Meurthe	Moselle	Ognon
Oise	Rance	Risle	Sambre	Sarre
Semois	Sèvre nantaise	Sèvre niortaise	Tech	Têt
Truyère	Var	Vendée	Verdon	Vézère
Viaur	Yonne			

3 La Loire est-elle vraiment **le plus long fleuve français** ?

□ oui
□ non

(Donnez une explication).

4 Classez, dans l'ordre de leur superficie, **les dix plus grandes îles** de la France métropolitaine, à relever parmi les territoires suivants :

Belle-Ile	Nouvelle-Calédonie
Corse	Oléron
Futuna	Ouessant
Groix	Porquerolles
Guadeloupe	Ré
Guyane	Réunion
Levant	Tahiti
Martinique	Wallis
Noirmoutier	Yeu

2. Histoire

Niveau 1

Classez les personnages suivants dans l'**ordre chronologique** :

- □ Charles V le Sage
- □ Charlemagne
- □ Charles de Gaulle
- □ Charles de Valois
- □ Charles VII le Victorieux.

Numérotez de 1 à 5.

Niveau 2

Retrouvez la **chronologie des grandes batailles**, en utilisant d'une part les dates et d'autre part la liste alphabétique ci-après :

Dates	*Batailles*
451	Alma
496	Austerlitz
732	Beauvais
1214	Bouvines
1428	Champs catalauniques
1472	Magenta
1515	Marignan
1805	Patay
1854	Poitiers
1855	Sébastopol
1859	Solférino
	Tolbiac

Certaines batailles et leurs dates sont très connues, cela devrait vous aider à retrouver l'ensemble. Il vous faut aussi savoir utiliser les grandes périodes de notre histoire comme *repères chronologiques*.

Niveau 3

Retrouvez les **dates** des assassinats, avec les noms des victimes et ceux des assassins.
Attention : plusieurs attentats manqués figurent sur la liste (*pénalisation* en cas de confusion).

Dates	*Liste des victimes*	*Liste des auteurs des attentats (ou commanditaires)*
1588	Louis Barthou	Caserio
1589	Duc de Berry	Jacques Clément
1610	Paul Doumer	Charlotte Corday
1757	Charles de Gaulle	Damiens
1793	Duc de Guise	Fieschi
1820	Henri III	Gorguloff
1835	Henri IV	Henri III
1858	Jean Jaurès	Louvel
1894	Louis XV	OAS
1914	Louis Philippe	Orsini
1932	Marat	Ravaillac
1934	Napoléon III	Terroristes croates
1961	Sadi-Carnot	Raoul Villain
1962		

NB : Le questionnaire aurait pu être rendu plus difficile en mélangeant les noms des assassins et ceux des victimes, et en y ajoutant encore d'autres noms (niveau 4).
Une difficulté plus grande encore (niveau 5) aurait été atteinte en mettant beaucoup de dates fictives tantôt éloignées et tantôt proches des dates réelles.
Si vous connaissez bien la chronologie élémentaire de nos régimes politiques, cela devrait vous aider à trouver les bonnes réponses.

Niveau 4 — Chronologie des Présidents de la République

Voici, dans l'ordre alphabétique, les noms des Présidents de la République française.
A vous de les remettre dans l'ordre chronologique...

Vincent Auriol
Napoléon Bonaparte
Louis-Napoléon Bonaparte
Sadi-Carnot
Jean Casimir-Périer
Jacques Chirac
René Coty
Paul Deschanel
Paul Doumer
Gaston Doumergue
Armand Fallières
Félix Faure
Charles de Gaulle
Valéry Giscard d'Estaing
Jules Grévy
Albert Lebrun
Emile Loubet
Mac-Mahon
Alexandre Millerand
François Mitterrand
Philippe Pétain
Alain Poher
Raymond Poincaré
Georges Pompidou
Adolphe Thiers

Questions subsidiaires

1 Il peut y avoir des « intrus » sur la liste. Précisez quelles ont été leurs fonctions.

2 Certains Présidents ont obtenu deux mandats successivement. Mettre deux croix en face de leur nom, ou mieux encore préciser les dates.

Niveau 5

Cela devient de l'érudition

A — Les maréchaux de l'Empire

Voici, dans l'ordre alphabétique, les noms de maréchaux d'Empire. Retrouver le titre attribué à chacun d'eux.

Noms	Titres
□ *1* - Augereau	□ *1* - Duc d'Albufera
□ *2* - Bernadotte	□ *2* - Duc d'Auerstaedt, prince d'Eckmühl
□ *3* - Berthier	□ *3* - Duc de Bellune
□ *4* - Bessières	□ *4* - Duc de Castiglione
□ *5* - Davout	□ *5* - Duc de Conegliano
□ *6* - Kellermann	□ *6* - Duc de Dalmatie
□ *7* - Lannes	□ *7* - Duc de Dantzig
□ *8* - Lefebvre	□ *8* - Duc d'Elchingen, prince de la Moscowa
□ *9* - Macdonald	□ *9* - Duc d'Istrie
□ *10* - Marmont	□ *10* - Duc de Montebello
□ *11* - Masséna	□ *11* - Grand duc de Berg. Roi de Naples
□ *12* - Moncey	□ *12* - Prince de Neuchâtel et de Wagram
□ *13* - Mortier	□ *13* - Duc de Raguse
□ *14* - Murat	□ *14* - Duc de Reggio
□ *15* - Ney	□ *15* - Duc de Rivoli, prince d'Essling
□ *16* - Oudinot	□ *16* - Duc de Tarente
□ *17* - Soult	□ *17* - Duc de Trévise
□ *18* - Suchet	□ *18* - Duc de Valmy
□ *19* - Victor	□ *19* - Roi de Suède sous le nom de Charles XIV

NB : Essayez de retrouver au moins les plus connus, en rapprochant leur nom des victoires remportées (ou des autres grandes dignités obtenues).

B Questions sur les maréchaux d'Empire

1 Michel NEY est sans doute le plus célèbre des maréchaux de l'Empire. Cochez, parmi ces titres, ceux qui lui ont été attribués :

Titres nobiliaires (2 réponses valables)

□ Baron de Valmy
□ Comte de Jemmapes
□ Duc d'Elchingen
□ Marquis de Wagram
□ Prince de la Moscowa
□ Roi de Rome

Titres plus familiers (1 réponse valable)

□ Brave des braves
□ Le dernier carré
□ Le grognard de l'Empereur
□ Le maître des logis
□ Le chevalier sans peur et sans reproche

2 Retrouvez sur ces listes les noms d'autres maréchaux :

a) □ JULIÉNAS
□ MARGAUX
□ PÉRIGNON
□ VOUGEOT

b) □ BOUCHER
□ BOULANGER
□ FORGERON
□ SÉRURIER

c) □ GOUPILLON
□ GOUVION-SAINT CYR
□ BLAISE-SAINT-MARC
□ PICCOLO D'ARGENTEUIL

3 L'un de ces maréchaux avait remporté en 1794 la célèbre victoire de FLEURUS. Lequel ?

□ AUGEREAU
□ BRUNE
□ DAVOUT
□ JOURDAN
□ LANNES

4 Retrouvez le nom d'un prince polonais devenu maréchal de France :

□ LESZCZYNSKI
□ PONIATOWSKI
□ PILSUDSKI
□ WALEWSKI

5 Un maréchal d'Empire fut massacré en 1815 lors de la Terreur Blanche. Quel était son nom ?

□ BLONDE
□ BRUNE
□ LECHATAIN
□ ROUX

6 Un maréchal arriva en retard à la bataille de Waterloo, causant ainsi la perte des armées françaises :

□ BLÜCHER
□ CAMBRONNE
□ GROUCHY
□ NEY
□ WELLINGTON

7 De quel maréchal de France descendent les actuels souverains de la Suède ?

□ AUGEREAU
□ BERNADOTTE
□ KELLERMANN
□ MACDONALD
□ VICTOR

3. Connaissance du monde

A Le système solaire

1 Qu'est-ce-que le **Soleil** ? (niveau 1)

- ☐ une étoile naine jaune
- ☐ une étoile noire
- ☐ une constellation

2 A quelle **galaxie** appartient le Soleil ? (niveau 2)

- ☐ la galaxie Gutenberg
- ☐ la Pléiade
- ☐ la Voie Lactée

3 Voici la liste des **planètes** qui gravitent autour du Soleil. Classez-les dans l'ordre croissant des distances au Soleil (niveau 5).

- ☐ Jupiter
- ☐ Mars
- ☐ Mercure
- ☐ Neptune
- ☐ Pluton
- ☐ Terre
- ☐ Saturne
- ☐ Uranus
- ☐ Vénus

4 Quelles sont les **deux planètes les plus proches de la Terre** ? (niveau 3)

- ☐ Jupiter
- ☐ Saturne
- ☐ Mars
- ☐ Vénus
- ☐ Pluton

5 Quelle est la **distance moyenne** entre la Terre et le Soleil ? (niveau 4)

- ☐ 150 000 km
- ☐ 150 millions de km
- ☐ 1 500 000 km
- ☐ 15 milliards de km
- ☐ 15 millions de km

6 Quel est **l'âge du Soleil** ? (niveau 4)

- □ 5 millions d'années
- □ 5 milliards
- □ 500 milliards
- □ 5 000 milliards

7 Evolution de l'**activité** du Soleil (niveau 2)

- □ elle va en augmentant
- □ elle va en diminuant
- □ elle reste constante

8 Quelle pourrait être la **température de la Terre** dans quelques centaines de millions d'années ? (niveau 4)

- □ 50 degrés en dessous de zéro
- □ zéro degré
- □ 20 degrés en dessus de zéro
- □ 50 degrés
- □ 100 degrés

9 Que se passe-t-il dans le noyau du Soleil ? (niveau 3)

- □ des réactions thermonucléaires
- □ la transformation de l'hydrogène en hélium
- □ un début de glaciation

10 Quelle est la température du Soleil ? (niveau 4)

- □ 0 degré
- □ 100 degrés
- □ 1 000 degrés
- □ 1 million de degrés
- □ 15 millions de degrés

B Quelques questions sur la Terre

1 Quel est l'**âge de la Terre** ? (niveau 4)

- □ 500 000 ans
- □ 4 500 000 ans
- □ 45 millions d'années
- □ 450 millions d'années
- □ 4 500 millions d'années

2 Quel est l'**âge de la Lune** ? (niveau 4)

- □ 5 000 ans
- □ 50 000 ans
- □ 150 000 ans
- □ le même âge que la Terre
- □ un âge beaucoup plus ancien

3 Comment s'effectue cette **datation** ? (niveau 3)

- □ en étudiant les effets de l'érosion
- □ en plongeant les roches dans de l'eau lourde
- □ en y insérant des micro-organismes
- □ en les envoyant dans des sondes spatiales
- □ en étudiant les propriétés nucléaires de certains éléments
- □ en les plaçant sur des boussoles spéciales

4 Quelle est la **circonférence** de la Terre ? (niveau 1)

- □ 6 000 km
- □ 16 000 km
- □ 36 000 km
- □ 37 000 km
- □ 40 000 km

5 Quelle est la **distance de la Terre au Soleil** ? (niveau 5)

- □ 147 millions de km
- □ 150 millions de km
- □ 152 millions de km

6 Cochez, parmi ces termes, ceux qui ont trait spécifiquement à l'**orbite** de la Terre autour du Soleil : (niveau 5)

- □ aphélie
- □ colombophilie
- □ périhélie
- □ périphérie
- □ philatélie
- □ zoroastrisme

7 Quelle est la **vitesse de rotation** de la Terre ? (niveau 2)

- □ 3 km/h
- □ 30 km/h
- □ 300 km/h
- □ 3 000 km/h
- □ 30 km/seconde

8 En combien de temps la Terre tourne-t-elle autour du Soleil ? (niveau 1)

□ un jour
□ un mois
□ un an
□ un siècle
□ un millénaire

9 En combien de temps la Terre tourne-t-elle sur elle-même ? (niveau 4)

□ 1 heure
□ 23 heures et 56 minutes
□ 24 heures à la seconde près

10 Parmi les chiffres fournis ci-après, retrouver ceux qui correspondent aux éléments suivants : (niveau 4)

□ *1* - le diamètre de la Terre
□ *2* - l'épaisseur de l'atmosphère
□ *3* - la différence d'altitude entre le point le plus bas et le point le plus haut du globe terrestre

□ 1 642 m
□ 8 882 m
□ 11 022 m
□ 19 904 m
□ 30 000 m
□ 40 000 m
□ 50 000 m
□ 100 km
□ 1 000 km
□ plus de 12 000 km

C Géographie du monde

1 Voici, dans l'ordre alphabétique, les sept plus grands sommets de chacun des continents. A vous de les classer dans l'ordre d'altitude décroissante.

□ Aconcagua
□ Mont Everest
□ Mont Elbrouz
□ Mont Kilimandjaro ou Uhuru
□ Pic Jaya
□ Mont Mac Kinley
□ Mont Vinson

Il faut distinguer l'Amérique du nord et l'Amérique du sud et mettre à part le Caucase.

2 Situez le point le plus bas en dessous du niveau de la mer.

- □ Dépression de l'Oural
- □ Mer Morte
- □ Catacombes
- □ Grand Lac Salé
- □ Grande fosse indienne
- □ Dépression du Sahara

3 Les plus grandes îles du monde.
Classez-les dans l'ordre de leur superficie.

- □ Australie
- □ Bornéo
- □ Groenland
- □ Madagascar
- □ Nouvelle Guinée

4 Les plus grandes îles d'Europe.
Classez-les dans l'ordre de leur superficie.

- □ Chypre
- □ Corse
- □ Crète
- □ Sardaigne
- □ Sicile

5 Classez ces grands pays selon leur superficie :

- □ Australie
- □ Canada
- □ États-Unis
- □ Brésil
- □ Chine
- □ Russie

6 Classez ces pays selon leur population :

- □ Brésil
- □ États-Unis
- □ Indonésie
- □ Chine
- □ Inde
- □ Russie

4. *Réponses et commentaires*

Connaissance de la France

Niveau 1

1 et **2** La France a une **superficie** de 551 000 km^2 et une **population** de 59 millions d'habitants.

3 Son **point culminant** est le Mont-Blanc (4 807 m, dans les Alpes). Le Crêt de la Neige est le point culminant du Jura (1 718 m) et le Puy-de-Sancy celui du Massif Central (1 886 m). Les deux autres noms sont fantaisistes. Le Mont-Blanc étant très connu, une pénalisation serait appliquée aux candidats qui ne l'auraient pas cité.

4 Le **fleuve le plus long** est la Loire (1 012 km).

5 et **6** Les deux **distances** à retenir sont de l'ordre de 1 000 km dans chaque sens : 973 km du nord au sud, et 945 km de l'est à l'ouest.
Il aurait peut-être été difficile de retrouver les chiffres exacts. Mais les autres chiffres cités sont très éloignés, vous ne devez donc pas risquer de vous tromper.
Une pénalisation serait appliquée aux candidats donnant des chiffres aberrants (113 km ou 1 999 km).

7 Le **centre géométrique** du pays n'est ni à Paris, ni à Orléans, mais dans l'arrondissement de Saint-Amand-Montrond (Cher).

8 Notre **hexagone** a évidemment 6 côtés (avec 3, ce serait un triangle ; avec 5, un pentagone). La France dispose de 3 côtés terrestres et de 3 façades maritimes.

Une absurdité souvent trouvée dans les copies ou entendue à l'oral (ou encore à la radio ou à la télévision) : « Les quatre coins de l'hexagone... » Ne pas confondre avec un rectangle ou un carré !

9 La France métropolitaine comporte **22 régions**. Ayant en principe voté lors des élections régionales, et vu la place prise maintenant par la vie régionale dans l'actualité, chacun doit savoir que le nombre des régions est de l'ordre de la vingtaine.

10 Le nombre des **départements** est 100 tout juste. (75 est le numéro de Paris, 90 celui du Territoire de Belfort).
Les nouveaux départements de la région Ile-de-France ont des numéros d'immatriculation qui vont de 91 à 95(Val-d'Oise). Les candidats devaient donc savoir que seul est valable le chiffre le plus élevé.

Observation Il s'agit de données élémentaires faisant partie de la « culture de base » de tout citoyen français. Il ne semble pas permis de les ignorer. Lors d'un concours, toute erreur grave devrait donc être sévèrement pénalisée.

Niveau 2

1 Les **pays limitrophes** de la France sont, du nord au sud, la Belgique, le Luxembourg, l'Allemagne, la Suisse, l'Italie, puis l'Espagne.
Il fallait éliminer le Danemark, le Portugal et la Roumanie.
Le cas de la Grande-Bretagne serait à part : la liaison terrestre existe depuis 1994 (tunnel sous la Manche).
Les Pays-Bas posent un problème particulier (voir question-réponse n° 4 du niveau 4 à propos de l'île de Saint-Martin).
Le jury pourrait admettre en réponse les Pays-Bas, et donner un point de bonification au candidat fournissant la bonne explication, au cours d'une épreuve orale.

2 Réponse facile pour les **fleuves**, puisque la **source** est indiquée en face de chacun. Il suffisait donc de lier 1a, 2b, 3c, 4d, 5e.
C'est une coïncidence qui se retrouve quelquefois lors des épreuves.

3 Le nombre annuel des **décès** est de l'ordre de 500 000, et celui des naissances est de l'ordre de 700 000. L'**excédent annuel** des naissances, c'est-à-dire l'accroissement démographique naturel, est de l'ordre de 200 000.
Lors des concours, certains candidats donnent des chiffres totalement aberrants : par exemple, 2 000 naissances ou 20 000 décès. Les jurys devraient alors se montrer très sévères, puisque ces candidats, manifestement, n'ont pas de mémoire et ne suivent pas l'actualité (...ces chiffres sont très souvent cités dans la presse ou sur les ondes). Pire encore, non seulement ces candidats n'ont pas le sens des chiffres, mais encore ils ne sont pas capables de réfléchir (...ils devraient se rendre compte immédiatement des énormités qu'ils ont proférées).

4 Les **cinq premières villes françaises** sont :

	Agglomération	*Commune*
1 - Paris	9 millions	2 millions
2 - Lyon	1 200 000	400 000
3 - Marseille	1 100 000	800 000
4 - Lille	950 000	360 000
5 - Bordeaux	700 000	210 000

Remarque : Marseille peut aussi être classé en 2, avant Lyon, si l'on tient compte seulement de la commune, et non de l'agglomération. Toulouse, Nantes, Nice et Strasbourg seraient avant Bordeaux si l'on tenait compte exclusivement de la population de la commune.

5 La **population urbaine**, qui était de l'ordre de 50 % avant la Seconde Guerre mondiale, est maintenant de 80 %.
(Forte pénalisation en cas d'erreur, car il est maintenant bien connu que la population est à très large dominante urbaine).

Niveau 3

1 La **superficie** de la France (551 000 km²) représente 1/18e de celle de l'Europe (plus de 10 millions de km²). Le calcul est assez facile.

2 Les **affluents du Rhône**

Rive droite	Ain Ardèche Gard Saône
Rive gauche	Arve Drôme Durance Guiers Isère

Piège Le Tarn est un affluent de la Garonne.
(pénalisation pour les candidats qui l'auraient marqué d ou g).
Pour rendre la question plus difficile, le jury aurait pu insérer davantage d'intrus moins connus.

3 Les **départements alpins**

Piège Il ne fallait en éliminer aucun. Ce sont tous des départements alpins. Les Alpes occupent plus de 30 000 km^2 de notre territoire (dont 1 200 dans le Var et 900 dans le Vaucluse – Préalpes).

4 La commune de Mouthe, dans le Jura, est généralement considérée comme étant la **plus froide de France**.

5 Le **taux de mortalité** est de 9 pour mille. Le **taux de natalité** a décliné, et se situe à 12 pour mille (mais il reste l'un des plus élevés de tous les pays d'Europe occidentale).

Niveau 4

1 La France représente seulement environ 0,3 % de l'ensemble des Terres émergées (551 000 km^2 sur 149 millions de km^2).

2 La longueur de nos frontières est de 5 670 km.
(frontières terrestres + frontières maritimes).

3 Nos **frontières terrestres** les plus longues sont avec les pays suivants :

Espagne	650 km
Belgique	620
Suisse	572
Italie	515
Allemagne	450
Luxembourg	73

(Il resterait Andorre et Monaco...).

4 La France est limitrophe de l'Australie en Antarctique (mais non de la Nouvelle-Zélande, ni en Antarctique, ni dans le Pacifique). En effet, la Terre-Adélie, zone française du continent, se situe entre deux zones australiennes.
Notre département de Guyane est voisin du Brésil et du Surinam. (Attention : le Guyana est un piège, il est séparé de notre Guyane par le Surinam).
La France partage avec les Pays-Bas l'île de Saint-Martin située dans les petites Antilles.
Les bonnes réponses sont donc :

1a, 2b et 2f, 3e.

5 Les Maures et l'Estérel appartiennent au massif hercycien de la « Tyrrhénide ».

Niveau 5

1 **Géologie**. Classement des terrains dans l'ordre chronologique.

1 Cambrien
2 Silurien
3 Dévonien
4 Carbonifère
5 Permien
6 Triasique
7 Jurassique
8 Crétacé
9 Eocène
10 Néocène

2 Hydrologie

Bassin de la Garonne
Agout, Baïse, Gélise, Hers, Truyère, Vézère, Viaur.

Bassin de la Loire
Allier, Aumance, Arroux, Beuvron, Cisse, Erdre, Gartempe, Loir, Sèvre nantaise.

Bassin du Rhin
Ill, Meurthe, Moselle, Sarre.

Bassin du Rhône
Arc, Arve, Drac, Gard, Ognon, Verdon.

Bassin de la Seine
Ailette, Aire, Aisne, Armançon, Aube, Essonne, Eure, Oise, Risle, Yonne.

Piège

L'Aa, l'Adour, l'Agly, l'Aude, l'Authie, la Charente, le Lay, la Rance, la Sèvre niortaise, le Tech, le Têt, le Var et la Vendée sont des fleuves côtiers ou ont un débouché maritime.
La Sambre et la Semoy sont des affluents de la Meuse.
La Lozère n'est pas une rivière, c'est une montagne qui a donné son nom au département.
(piège classique, fréquemment utilisé par les jurys).

3 La Loire est pratiquement toujours citée comme étant le plus long fleuve français (1 012 km depuis sa source au Mont Gerbier-de-Jonc). Toutefois, si l'on additionne le Doubs (450 km), puis le cours inférieur de la Saône, puis celui du Rhône à partir de Lyon, on trouve 1 025 km.

4 Les plus **grandes îles** de la France métropolitaine

Corse	8 681 km^2
Oléron	175
Belle-Ile	90
Ré	85
Noirmoutier	48

Yeu	23
Ouessant	15
Groix	15
Porquerolles	13
Levant	10

Piège La Nouvelle-Calédonie, Tahiti, Wallis et Futuna appartiennent aux territoires d'outre-mer.
La Guadeloupe, la Martinique et la Réunion sont des départements d'outre-mer.
La Guyane n'est évidemment pas une île, mais un immense territoire de l'Amérique du Sud (forte pénalisation).

Histoire

Niveau 1 Chronologie des grands Charles

1 - Charlemagne (742-814)
(le grand Empereur d'Occident)

2 - Charles de Valois (1270-1328)
(frère de Philippe le Bel, il fonda la dynastie des Valois, succédant à celle des Capétiens directs).

3 - Charles V le Sage (1338-1380)

4 - Charles VII le Victorieux (1403-1461)
(... la numérotation facilite votre tâche).

5 - Charles de Gaulle (1890-1970)
(héros de la France libre et libérateur du territoire, puis fondateur et premier président de la Ve République).

Niveau 2 Chronologie des grandes batailles

451 Champs catalauniques
Le Franc Mérovée arrête Attila et les Huns.

496 Clovis, petit-fils de Mérovée, remporte contre les Alamans la victoire de Tolbiac (près de Cologne).

732 Charles Martel remporte la victoire de Poitiers contre les Arabes.

1214 Philippe Auguste remporte la victoire de Bouvines contre les féodaux, le roi d'Angleterre et l'Empereur d'Allemagne.

1428 Jeanne d'Arc, après avoir délivré Orléans, remporte la victoire de Patay contre les Anglais.

1472 Jeanne Hachette résiste victorieusement à Beauvais contre les Bourguignons.

1515 peut-être la date la plus célèbre !
François Ier, avec l'aide du Chevalier Bayard, remporte la victoire de Marignan.

1805 (2 décembre). Napoléon remporte la victoire d'Austerlitz contre les empereurs d'Autriche et de Russie.

1854 Victoire de l'Alma sur les Russes, pendant la guerre de Crimée.

1855 Mac-Mahon s'empare de Sébastopol (« J'y suis, j'y reste »).

1859 Victoires françaises contre l'Autriche en Italie : Magenta et Solférino.

Niveau 3 Chronologie des assassinats

1588 Assassinat du duc de Guise sur l'ordre de Henri III.

1589 Le moine ligueur Jacques Clément assassine le roi Henri III à Saint-Cloud.

1610 Henri IV est assassiné par Ravaillac.

1757 Attentat manqué de Damiens contre Louis XV.

1793 Assassinat du journaliste Marat par Charlotte Corday.

1820 Assassinat du duc de Berry par Louvel.

1835 Attentat manqué de Fieschi contre Louis-Philippe.

1858 Attentat manqué d'Orsini contre Napoléon III.

1894 Assassinat du Président Sadi-Carnot à Lyon par l'anarchiste Caserio.

1914 Assassinat du pacifiste Jean Jaurès à Paris (Café du Croissant), par Raoul Villain.

1932 Assassinat de Paul Doumer par le russe Gorguloff.

1934 Assassinat, à Marseille, par des terroristes croates, du roi Alexandre Ier de Yougoslavie et de notre ministre des Affaires Etrangères Louis Barthou.

1961-1962 Plusieurs tentatives d'attentats fomentées par l'OAS contre le Général de Gaulle.

(Attention : une même réponse pour deux années).

Niveau 4 — Chronologie des Présidents de la République

La Ire République (1792-1800) n'a pas eu de Président. Napoléon BONAPARTE a été Premier Consul, puis Empereur, mais non Président.

La IIe République a eu pour Président Louis-Napoléon BONAPARTE, qui doit être considéré comme le premier Président de la République française (1848-1852).

La IIIe République (14 présidents)

Adolphe THIERS................	17/2/1871	31/8/1871
Chef du pouvoir exécutif,		
Président de la République	31/8/1871	24/5/1873
Maréchal de MAC-MAHON	24/5/1873	30/1/1879
Jules GRÉVY	30/1/1879	30/1/1886
Jules GRÉVY	30/1/1886	3/12/1887
François SADI-CARNOT	3/12/1887	25/6/1894
Jean CASIMIR-PÉRIER	27/6/1894	15/1/1895
Félix FAURE	15/1/1895	16/2/1899
Emile LOUBET..................	16/2/1899	18/2/1906
Armand FALLIÈRES	18/2/1906	18/2/1913
Raymond POINCARÉ...........	18/2/1913	18/2/1920
Paul DESCHANEL..............	18/2/1920	20/9/1920
Alexandre MILLERAND	20/9/1920	11/6/1924
Gaston DOUMERGUE..........	11/6/1924	13/6/1931
Paul DOUMER..................	13/6/1931	6/5/1932
Albert LEBRUN.................	10/5/1932	10/5/1939
Albert LEBRUN.................	10/5/1939	10/7/1940

NB : Le Maréchal Philippe Pétain a porté de 1940 à 1944 le titre de Chef de l'Etat français.

La IVe République (2 Présidents)

Vincent AURIOL................	16/1/1947	16/1/1954
René COTY	16/1/1954	8/1/1959

La Ve République (4 Présidents de 1958 à 1994)

Général Charles DE GAULLE ...	8/1/1959	8/1/1966
Général Charles DE GAULLE ...	8/1/1966	28/4/1969
Alain POHER	28/4/1969	19/6/1969
Président du Sénat, exerçant provisoirement les fonctions de Président de la République		
Georges POMPIDOU............	19/6/1969	2/4/1974
Alain POHER	2/4/1974	24/5/1974
Président du Sénat exerçant provisoirement les fonctions de Président de la République		
Valéry GISCARD D'ESTAING..	24/5/1974	21/5/1981
François MITTERRAND	21/5/1981	21/5/1995
proclamé élu le 15 mai 1981 conformément au scrutin du 10 mai 1981, entré en fonction le 21 mai 1981 et réélu en mai 1988.		
Jacques CHIRAC................	21/5/1995	
proclamé élu le 15 mai 1995, conformément au scrutin du dimanche 7 mai 1995, entré en fonction le 21 mai 1995.		

Total général : 22 présidents

Un moyen mnémotechnique pour retenir les listes de noms

Vous prenez la première syllabe de chaque nom, et vous la liez à la suivante. Cela donne souvent des ensembles amusants ou pittoresques, et donc faciles à retenir.
C'est particulièrement le cas pour la liste des présidents de la IIIe République : THIMAGRE - CARCAFAULOUFA - POINDEMIDOUDOULE.
Vous pouvez continuer la liste, et en constituer une aussi pour les Premiers ministres de la Ve République. Le même procédé vous sera certainement utile dans beaucoup d'autres circonstances.

NB : Vous trouverez d'autres QCM sur les Présidents de la République et sur les Premiers Ministres dans le Tome 4 de cette collection : Institutions françaises, notamment les dates d'entrée en fonction et la durée des mandats.

Niveau 5 Les maréchaux de l'Empire

A Titres

Noms	Titres
☐ *1* - Augereau	☐ *4* - Duc de Castiglione
☐ *2* - Bernadotte	☐ *19* - Roi de Suède sous le nom de Charles XIV
☐ *3* - Berthier	☐ *12* - Prince de Neuchâtel et de Wagram
☐ *4* - Bessières	☐ *9* - Duc d'Istrie
☐ *5* - Davout	☐ *2* - Duc d'Auerstaedt, prince d'Eckmühl
☐ *6* - Kellermann	☐ *18* - Duc de Valmy
☐ *7* - Lannes	☐ *10* - Duc de Montebello
☐ *8* - Lefebvre	☐ *7* - Duc de Dantzig
☐ *9* - Macdonald	☐ *16* - Duc de Tarente
☐ *10* - Marmont	☐ *13* - Duc de Raguse
☐ *11* - Masséna	☐ *15* - Duc de Rivoli, prince d'Essling
☐ *12* - Moncey	☐ *5* - Duc de Conegliano
☐ *13* - Mortier	☐ *17* - Duc de Trévise
☐ *14* - Murat	☐ *11* - Grand duc de Berg, Roi de Naples
☐ *15* - Ney	☐ *8* - Duc d'Elchingen, prince de la Moscowa
☐ *16* - Oudinot	☐ *14* - Duc de Reggio
☐ *17* - Soult	☐ *6* - Duc de Dalmatie
☐ *18* - Suchet	☐ *1* - Duc d'Albufera
☐ *19* - Victor	☐ *3* - Duc de Bellune

B Questions diverses

1 Michel NEY, Duc d'Elchingen et Prince de la Moscowa, avait été surnommé le *Brave des Braves*.

Le Chevalier « sans peur et sans reproche » était Bayard (1476-1524), qui se couvrit de gloire pendant les guerres de Charles VIII, Louis XII et François Ier.

2 a) PÉRIGNON (1754-1818)
Les autres noms sont ceux de vins célèbres.
Quant à Dom Pérignon, c'est le moine bénédictin qui aurait appliqué au Champagne le procédé de fabrication des vins mousseux (1638-1715).

g) SÉRURIER (1742-1818)
Pénalisation pour BOULANGER, général et politicien des débuts de la IIIe République.

c) GOUVION-SAINT-CYR (1764-1830)
Les autres noms sont imaginaires.

3 JOURDAN (1762-1833)

4 PONIATOWSKI (1763-1813)

5 BRUNE (1763-1815)

6 GROUCHY (1766-1847)

Pénalisation pour BLÜCHER, commandant de l'armée allemande (dont l'arrivée fut fatale pour l'armée française), et pour WELLINGTON (qui commandait l'armée anglaise).
CAMBRONNE n'était pas maréchal... Mais la légende lui attribua un mot célèbre.

7 Charles BERNADOTTE (1763-1844)

Il devint prince royal de Suède en 1810, puis roi sous le nom de Charles XIV.

Connaissance du monde

A Le système solaire

1 et **2** Le Soleil est une étoile naine jaune, qui appartient à la galaxie de la Voie Lactée.
(*Pénalisation* pour les autres réponses).

3 Le système solaire est organisé autour de cet astre. Neuf planètes principales gravitent autour du Soleil : Mercure, Vénus, la Terre, Mars, Jupiter, Saturne, Uranus, Neptune et Pluton (dans l'ordre d'éloignement croissant).

4 La Terre est la troisième des planètes principales du système solaire, dans l'ordre croissant des distances au Soleil (entre Vénus et Mars).

5 La distance moyenne entre la Terre et le Soleil est de l'ordre de 150 millions de km.

6 L'âge du Soleil est de l'ordre de 5 milliards d'années. On estime qu'il est au milieu de la durée de sa vie.

7 et **8** L'activité du Soleil va en augmentant. On estime que la température de la Terre pourrait atteindre une moyenne de 100 degrés dans quelques centaines de millions d'années.

9 et **10** Le noyau du Soleil est le siège de réactions thermonucléaires qui transforment l'hydrogène en hélium. Sa température serait de l'ordre de 15 millions de degrés.
Il fallait donc cocher à la fois « réactions thermonucléaires » et « transformation de l'hydrogène en hélium ».
(*Forte pénalisation* pour « glaciation », réponse absurde vu la température...).

B La Terre

1 Quel est l'âge de la Terre ?
L'âge de la Terre est estimé à 4 500 millions d'années.

2 Quel est l'âge de la Lune ?
La Lune et les météorites ont le même âge que la Terre.

3 Comment s'effectue cette datation ?
La datation de la Terre et des roches s'effectue grâce aux propriétés nucléaires de certains éléments (notamment uranium-plomb et potassium-argon).
En ce qui concerne les événements géologiques récents, ils peuvent être datés en mesurant les quantités restantes de *carbone 14* dans les produits organiques préservés de la destruction lors de ces événements.

4 Quelle est la circonférence de la Terre ?
La circonférence de la Terre se mesure à l'équateur ou par les méridiens : elle est de 40 000 km.
Vous pourrez gagner un point de bonification si vous expliquez au jury qu'elle est de l'ordre de :

- 37 000 km aux Tropiques (Cancer ou Capricorne) ;
- 16 000 km au cercle polaire.

5 et **6** Quelle est la distance de la Terre au Soleil ?
La distance de la Terre au Soleil est de l'ordre de 150 millions de km.
Vous gagnerez un point de bonification si vous expliquez au jury qu'elle est de l'ordre de :

- 152 millions de km à l'*aphélie* ;
- 147 millions de km au *périhélie*.

Il s'agit des points de l'orbite où la distance est respectivement la plus longue et la plus courte.

7 Le parcours de la Terre suit une orbite elliptique à la vitesse moyenne de 29,80 km/s. (Il suffit de dire qu'elle est de l'ordre de 30 km par seconde).

8 Il n'est pas permis de ne pas répondre que la Terre tourne autour du Soleil en un an...
La réponse la plus précise est 365,25 jours (d'où l'année bissextile une fois tous les quatre ans).
Le jury aurait aussi pu vous demander quelle est l'origine du 29 février.

9 La rotation de la Terre sur elle-même s'effectue en 23 heures et 56 minutes.

10 Son diamètre est de 12 700 km.
L'atmosphère est la couche d'air qui entoure le globe terrestre. Son épaisseur est de l'ordre de 100 km (mais, selon d'autres estimations, va jusqu'à 1 000 km).
La dernière question pourrait sembler très difficile... mais, là encore, c'est une simple question de bon sens. Il faut prendre en considération à la fois :

– le plus haut sommet du monde : 8 882 m au mont Everest ;
– la fosse maritime la plus profonde : 11 022 m dans le Pacifique.

En additionnant les deux chiffres, vous trouverez 19 904 m.

C Géographie du monde

1 Quels sont les plus grands sommets du monde ?
Vous pouvez proposer au jury de lui citer les sommets les plus élevés de chaque continent.

1. En Asie, le Mont Everest : 8 848 m.
2. En Amérique du Sud, l'Aconcagua : 6 959 m.
2*bis*. En Amérique du Nord, le Mont Mac Kinley : 6 194 m.
3. En Afrique, le Mont Kilimandjaro ou Uhuru : 5 963 m.
4. En Europe, le Mont Elbrouz : 5 642 m.
(Attention : le Caucase est plus élevé que les Alpes... le Mont Blanc atteint seulement 4 808 m).

5. En Antarctique, le Mont Vinson : 5 140 m.
6. En Océanie, le pic Jaya : 5 030 m.

N.B. Si l'on considère que le Caucase n'est pas en Europe, c'est alors le Mont-Blanc qui est le point le plus élevé de notre continent.

2 Quel est le site le plus bas en dessous du niveau de la mer ?
La réponse la plus fréquente : c'est la *Mer Morte*, située à moins 400 m. Les autres formules étaient fantaisistes.
Vous gagnerez peut-être un point de bonification à l'oral si vous citez le *Fossé de l'Astrolabe*, dans le continent Antarctique, à moins 2 341 m (mais il est recouvert d'une épaisse calotte glaciaire).

3 Quelles sont les plus grandes îles du monde ?
1. AUSTRALIE : près de 8 millions de km^2.
   L'Australie peut aussi être considérée comme un continent.
2. GROENLAND : plus de 2 millions de km^2.
3. NOUVELLE-GUINEE : plus de 800 000 km^2.
4. BORNEO : plus de 700 000 km^2.
5. MADAGASCAR : plus de 600 000 km^2.

4 Quelles sont les plus grandes îles d'Europe ?
Il vous faut citer d'abord la *Sicile* (25 460 km^2) et la *Sardaigne* (24 000 km^2), puis *Chypre* (9251 km^2), la *Corse* (8587 km^2) et la *Crète* (8331 km^2).

5 Liste des pays les plus étendus :
1. RUSSIE : 17 millions de km^2
2. CANADA : 10 millions de km^2
3. CHINE : 9,5 millions de km^2
4. ÉTATS-UNIS : 9,3 millions de km^2
5. BRÉSIL : 8,5 millions de km^2
6. AUSTRALIE : 7,6 millions de km^2

6 Liste des pays les plus peuplés :
1. CHINE : 1,25 milliard d'habitants
2. INDE : près d'un milliard
3. ÉTATS-UNIS : 270 millions
4. INDONÉSIE : 205 millions
5. BRÉSIL : 160 millions
6. RUSSIE : 150 millions

5. Evaluation de vos performances

Voici une évaluation des performances accomplies aux divers niveaux. Elle peut vous aider à vous situer au début de votre préparation compte tenu de notre expérience des différents concours.

Niveau 1

Vous avez bien le minimum de connaissances élémentaires... et le minimum de qualités de discernement.
Vous pouvez donc vous présenter à beaucoup de concours.

Niveau 2

Vous avez de bonnes bases. Alors, poursuivez résolument vos efforts pour passer aux niveaux supérieurs.

Niveau 3

Vous vous situez dans une bonne moyenne. Vous aurez des chances dans beaucoup de concours... et vous pouvez encore vous améliorer !

Niveau 4

Savez-vous répondre aux questions difficiles ? Oui ? Bravo ! Vous pouvez espérer accomplir de bonnes performances lors des concours.
Non ? Travaillez à la fois le fond et la technique… tous les espoirs vous sont permis.

Niveau 5

Vous êtes assurément un champion, et vous pouvez affronter tous les concours avec le maximum de chances de succès.
Vous feriez aussi de très bonnes performances lors des jeux télévisés… et vous pourriez prétendre enseigner vous-même dans beaucoup de matières.

6. Exemple de barème utilisé

par certains jurys pour la préparation des QCM et pour l'évaluation des réponses

Niveau des connaissances	*Degré de difficulté de la réponse*	*Sanctions à appliquer en cas d'erreur*
1. Données élémentaires	Très facile	Forte pénalisation
2. Connaissances générales	Facile	1 point de pénalisation
3. Connaissances précises	Moyenne	Pénalisation faible
4. Connaissances approfondies	Difficile	Pénalisation faible ou nulle
5. Erudition	Très difficile	Absence de pénalisation

Première partie

Histoire, Lettres et Arts

1 Les récits bibliques
L'Ancien Testament et le Nouveau Testament

2 Mythologie et légendes antiques
Les dieux et les héros

3 Histoire antique
La Grèce, Rome et leurs héros

4 Le Moyen-Age
Naissance de la littérature française

5 Le XVIe siècle
Un siècle de fureur et de nouveauté

6 Le XVIIe siècle
Le Grand Siècle, ou siècle classique

7 Le XVIIIe siècle
Le Siècle des Lumières

8 Le XIXe siècle
Du Romantisme au Naturalisme

9 Le XXe siècle
Du Surréalisme à nos jours

1. Les récits bibliques*

1 La Bible réunit

□ *a* - L'Ancien Testament et le Nouveau Testament
□ *b* - Le Coran et le Nouveau Testament
□ *c* - Le Nouveau Testament et les quatre Evangiles

2 Dans la Bible, Dieu, pour éprouver la foi d'Abraham, demande à cet homme d'égorger son fils pour lui. Ce fils s'appelle :

□ *a* - Judas
□ *b* - Simon
□ *c* - Isaac

3 Pour échapper à l'immense inondation provoquée par le Déluge, certains êtres humains et un couple de chaque espèce animale trouvent refuge à bord d'un bateau. Comment se nomme ce bateau ?

□ *a* - L'arche d'Alliance
□ *b* - L'arche de Noé
□ *c* - L'arche de Triomphe

4 Un jeune homme de caractère violent, Caïn, tue, par jalousie, son frère. Ce frère s'appelle :

□ *a* - Abel
□ *b* - David
□ *c* - Jonas

5 Alors que les Hébreux étaient esclaves en Egypte, un homme, inspiré par Dieu, réussit à les libérer et à les ramener vers la terre de leurs ancêtres. Qui est cet homme ?

□ *a* - Moïse

* Les réponses et commentaires sont en p. 215.

□ *b* - Pierre
□ *c* - Salomon

6 Combien les Apôtres, les compagnons du Christ, étaient-ils ?

□ *a* - Trois
□ *b* - Cinq
□ *c* - Dix
□ *d* - Douze
□ *e* - Quinze

7 Comment appelle-t-on le dernier repas que le Christ prit en compagnie des Apôtres ?

□ *a* - Le Repas
□ *b* - La Cène
□ *c* - Le Banquet

8 Quel apôtre a trahi le Christ (Il l'a dénoncé aux autorités) ?

□ *a* - Jean
□ *b* - Judas
□ *c* - Pierre

9 Quel apôtre a renié le Christ (Il a juré par trois fois qu'il ne le connaissait pas) ?

□ *a* - Jean
□ *b* - Judas
□ *c* - Pierre

10 Le Christ fut crucifié à Jérusalem, au sommet d'une hauteur qu'il dut atteindre en portant sa propre croix. Cette hauteur est :

□ *a* - Le mont Olympe
□ *b* - Le mont Sinaï
□ *c* - Le mont Golgotha
□ *d* - Le mont des Oliviers

2. Mythologie et légendes antiques*

Fondements des arts gréco-romains, la mythologie et les légendes antiques donnent aussi lieu à de nombreuses références dans les oeuvres occidentales plus récentes. Il est bon de connaître ces récits pour comprendre mieux les créations de notre civilisation.

Voici trois séries de questions sur *les dieux et les déesses*, *la Guerre de Troie* et *la Légende d'Ulysse*.

A Les dieux et les déesses

(Vous trouverez entre parenthèses le nom latin des divinités).

1 Zeus (Jupiter), le souverain des dieux et des hommes, est le fils :

□ *a* - D'Ouranos
□ *b* - De Cronos
□ *c* - De Poséidon

2 Aphrodite (Vénus) est :

□ *a* - La femme
□ *b* - La fille
□ *c* - La sœur de Zeus

3 Athéna (Minerve), déesse de la sagesse et de la guerre, est née :

□ *a* - De la cuisse
□ *b* - De la tête
□ *c* - Du bras de son père, Zeus

* Les réponses et commentaires sont en p. 217.

4 La divinité messager des dieux se nomme

☐ *a* - Hercule
☐ b - Hermione
☐ *c* - Hermès

5 Le dieu souverain des Enfers est

☐ *a* - Hadès
☐ *b* - Vulcain
☐ *c* - Lucifer

6 La sœur jumelle d'Apollon, dieu du Soleil et des Arts, est

☐ *a* - Artémis (Diane)
☐ *b* - Déméter (Cérès)
☐ *c* - Perséphone (Proserpine)

7 Trouver, dans la liste ci-dessous, les objets et animaux symbolisant le dieu Zeus :

☐ *a* - La foudre
☐ *b* - Le lion
☐ *c* - L'aigle
☐ *d* - Les tables de lois
☐ *e* - Le cheval blanc
☐ *f* - Le sceptre

8 Héra (Junon), femme de Zeus, est la déesse :

☐ *a* - De la vengeance
☐ *b* - Du mariage
☐ *c* - De la beauté

9 Zeus apparut à la jeune fille Europe, l'une de ses conquêtes, sous la forme

☐ *a* - D'un cygne
☐ *b* - D'un aigle
☐ *c* - D'un taureau

10 Chez les Romains, la déesse des fruits est :

☐ *a* - Orangina
☐ *b* - Pomona
☐ *c* - Segesta

B La guerre de Troie

Cette guerre légendaire est évoquée par de nombreux auteurs antiques, dont le poète grec Homère (dans l'*Iliade*) et le poète latin Virgile (dans l'*Enéide*).

1 La cité de Troie se situait :

☐ *a* - En Europe
☐ *b* - En Asie
☐ *c* - En Afrique

2 La guerre de Troie dura :

☐ *a* - Cinq ans
☐ *b* - Dix ans
☐ *c* - Quinze ans
☐ *d* - Vingt ans

3 Parmi les hommes suivants, trouver les plus célèbres chefs grecs ayant participé à la guerre de Troie :

☐ *a* - Agamemnon
☐ *b* - Jason
☐ *c* - Orphée
☐ *d* - Nestor
☐ *e* - Achille
☐ *f* - Ménélas
☐ *g* - Hercule
☐ *h* - Ulysse
☐ *i* - Périclès

4 Parmi les hommes suivants, trouver les plus célèbres chefs troyens ayant participé à la guerre de Troie :

☐ *a* - Pâris
☐ *b* - Priam
☐ *c* - Enée
☐ *f* - Hécube
☐ *g* - Solon
☐ *h* - Hector

□ *d* - Ajax
□ *e* - Tros
□ *i* - Molos

5 L'origine lointaine de la guerre de Troie est un concours de beauté entre Aphrodite, Héra et Athéna. Pâris désigna Aphrodite comme la plus belle des trois déesses, en lui remettant :

□ *a* - Une coupe en or
□ *b* - Une rose en or
□ *c* - Une pomme en or

6 Aphrodite avait promis au jeune homme, en récompense, la plus belle des femmes (l'enlèvement de cette dernière provoqua la guerre). Est-ce :

□ *a* - Pénélope
□ *b* - Hélène
□ *c* - Médée

7 Pour obtenir des dieux des vents favorables qui le pousseraient vers Troie, le chef de l'armée grecque dut offrir en sacrifice et égorger :

□ *a* - Une biche
□ *b* - Cent bœufs
□ *c* - Sa fille

8 Les Grecs purent prendre Troie grâce à un cheval. Est-ce :

□ *a* - parce que le cheval (celui d'Ulysse) s'est emballé et a contribué à enfoncer les lignes ennemies ?
□ *b* - parce que le cheval (le dieu Poséidon métamorphosé) a détruit la porte principale de la cité d'une ruade ?
□ *c* - parce que le cheval (offrande en bois creux laissée par les Grecs devant Troie) fut amené dans la cité par les Troyens, alors qu'il contenait des guerriers grecs en ses flancs ?

9 Après la prise de Troie, le chef de l'armée grecque put rentrer chez lui sain et sauf. Mais il fut :

□ *a* - Assassiné par sa femme, Clytemnestre

□ *b* - Assassiné par sa fille, Electre
□ *c* - Assassiné par son fils, Oreste

10 Après la prise de Troie, selon les lois de la guerre, femmes et enfants troyens furent répartis entre les vainqueurs et emmenés en esclavage. La femme du plus grand héros troyen fut attribuée à Pyrrhus, fils d'Achille. Est-ce :

□ *a* - Cassandre
□ *b* - Andromaque
□ *c* - Chryséis

C La Légende d'Ulysse

La plus connue sans doute des légendes antiques, l'histoire du retour d'Ulysse dans sa patrie est racontée par Homère dans l'*Odyssée.*

1 Parmi les noms suivants, retrouver ceux des membres de la famille d'Ulysse :

□ *a* - Laërte
□ *b* - Alcinoos
□ *c* - Zeus
□ *d* - Télémaque
□ *e* - Junon
□ *f* - Pénélope
□ *g* - Argos
□ *h* - Agamemnon

2 Les aventures d'Ulysse sur le chemin du retour durent :

□ *a* - Trois ans
□ *b* - Cinq ans
□ *c* - Dix ans
□ *d* - Vingt ans

3 Parmi les personnages suivants, quels sont ceux que ne rencontre pas Ulysse lors de son périple ?

□ *a* - Eole
□ *b* - Sa mère
□ *c* - Hercule
□ *d* - Charybde et Scylla
□ *e* - la jeune Nausicaa
□ *f* - le devin Chalcas
□ *g* - le bélier à la toison d'or

4 Comment Ulysse et ses compagnons échappent-ils au cyclope Polyphème, qui les retient prisonniers ?

□ *a* - Ils l'enivrent, lui crèvent son œil unique et s'enfuient cachés sous des moutons.
□ *b* - Ils attendent qu'il s'endorme, l'attaquent par surprise, et le ligotent fermement.
□ *c* - Ils lui offrent un bon repas, lui chantent une berceuse, et profitent de son sommeil pour fuir.

5 Circé est une magicienne qui transforme les compagnons d'Ulysse

□ *a* - En vaisseaux
□ *b* - En pourceaux
□ *c* - En souriceaux

6 Une nymphe recueille Ulysse, alors que ce dernier, à demi-noyé, est seul survivant d'une terrible tempête. Amoureuse du héros, elle le garde des années auprès d'elle. Comment se nomme-t-elle ?

□ *a* - Circé
□ *b* - Nausicaa
□ *c* - Pénélope
□ *d* - Maia
□ *e* - Calypso
□ *f* - Scylla

7 Ulysse bénéficie, au cours de ses aventures, de la sollicitude affectueuse d'une déesse. Est-ce :

□ *a* - Junon ?
□ *b* - Athéna ?
□ *c* - Aphrodite ?
□ *d* - Artémis ?

8 En attendant Ulysse, son épouse fidèle trouva des stratagèmes pour résister aux jeunes hommes qui prétendaient la forcer à se remarier. Quelle fut sa dernière ruse ?

□ *a* - Elle fit semblant d'avoir contracté une maladie grave et garda la chambre plusieurs jours.
□ *b* - Elle fit serment d'épouser celui qui serait capable de lui rapporter la tête de Méduse.

☐ *c* - Elle fit la promesse de choisir un époux, une fois fini le linceul qu'elle tissait pour son beau-père. Et elle défaisait la nuit le travail accompli le jour.

9 Revenu dans son palais sous les traits d'un mendiant âgé, Ulysse fut reconnu par sa vieille nourrice :

☐ *a* - Grâce à une cicatrice qu'il avait au pied.
☐ *b* - Grâce à un clin d'œil complice qu'il lui adressa.
☐ *c* - Grâce à son chien qui lui fit fête, heureux de le revoir.

10 Ulysse parvint à tuer les prétendants et à retrouver son trône :

☐ *a* - En abandonnant soudain son déguisement de mendiant et en apparaissant dans toute sa majesté. Les prétendants moururent de saisissement.
☐ *b* - En exécutant les prétendants l'un après l'autre, alors qu'ils sortaient ivres du palais, dans la nuit noire.
☐ *c* - En participant, avec les prétendants, à un concours de tir à l'arc. Il tourna l'arme qu'on lui avait donnée contre ses ennemis.

3. Histoire antique*

L'Antiquité a vu se dérouler des événements auxquels le monde actuel se réfère encore. Elle a vu vivre des hommes qui sont devenus des modèles pour des générations d'êtres humains.

Voici deux séries de questions consacrées à l'histoire grecque et à l'histoire romaine.

A Histoire grecque

1 Au début du Ve siècle avant Jésus-Christ, des guerres opposent Grecs et Perses. En - 490 a lieu une bataille où les Grecs, inférieurs en nombre, triomphent pourtant des Perses. Un soldat parcourt, ensuite, en courant, les 42 km qui le séparent de sa cité, Athènes, pour annoncer la bonne nouvelle. Quelle est cette bataille ?

□ *a* - La bataille d'Iéna
□ *b* - La bataille de Salamine
□ c - La bataille de Marathon

2 Une cité sort grandie de ces guerres contre les Perses. Une fois la paix établie, cette cité étend son influence politique et artistique sur toute la Grèce et finit par la dominer. Comment s'appelle cette cité ?

□ *a* - Athènes
□ *b* - Sparte
□ c - Byzance

3 Une autre cité grecque, pourtant, refuse cette domination et cherche, elle aussi, à rayonner sur la Grèce. Qui est-elle ?

* Les réponses et commentaires sont en p. 221.

□ *a* - Athènes
□ *b* - Sparte
□ *c* - Byzance

4 Les deux cités rivales s'affrontent finalement dans une guerre qui dure 27 ans : la guerre du Péloponnèse. Un homme d'Etat athénien joue un grand rôle au début de cette guerre. Fin stratège, homme réfléchi et cultivé, dévoué à sa patrie, il fut longtemps le modèle d'un homme d'Etat. Qui est-ce ?

□ *a* - Thémistocle
□ *b* - Hadeubos
□ *c* - Périclès

5 Cet homme d'Etat poussa sa cité à construire sur la plus haute colline de la ville un temple dédié à la déesse Athéna. Comment se nomme ce temple ?

□ *a* - L'Athénaion
□ *b* - Le Parthénon
□ *c* - Le Templéion

6 A la fin du Vᵉ siècle avant Jésus-Christ, un modeste philosophe grec parcourait les lieux publics athéniens en essayant d'amener chacun de ses interlocuteurs à prendre conscience de ses erreurs de jugement et à trouver la vérité. Ce philosophe fut condamné à mort pour impiété et corruption de la jeunesse. Qui est-il ?

□ *a* - Platon
□ *b* - Socrate
□ *c* - Mendigos

7 L'un des disciples de ce philosophe entreprit de transmettre l'enseignement qu'il avait reçu, en écrivant certains ouvrages. Puis il approfondit cet enseignement et fonda lui-même, à Athènes, une école philosophique, dans les jardins d'Académos. De qui s'agit-il ?

□ *a* - Platon
□ *b* - Socrate
□ *c* - Aristote

8 Alexandre le Grand, né au milieu du IVe siècle avant Jésus-Christ (- 356), reste le modèle du roi conquérant. Il était aussi cultivé et formé à la philosophie. Un célèbre philosophe, en effet, se chargea de son éducation. Qui est-ce ?

□ *a* - Platon
□ *b* - Socrate
□ *c* - Aristote

9 Infatigable, Alexandre s'empara d'abord de l'ensemble de la Grèce, puis de l'Asie Mineure (actuelle Turquie), de la Syrie, de l'Egypte, où il fonda Alexandrie. Attiré par l'Orient, il se lança à sa conquête. Quelle est la région orientale la plus extrême conquise par Alexandre et ses troupes ?

□ *a* - La région de Babylone (actuellement en Irak)
□ *b* - La région de Persépolis (actuellement en Iran)
□ *c* - La région du fleuve Indus (actuellement au Pakistan)

10 Roi à 20 ans , maître de la Grèce entière à 21 ans, Alexandre a bâti un véritable empire. A quel âge ce conquérant est-il mort ?

□ *a* - 33 ans
□ *b* - 43 ans
□ *c* - 53 ans
□ *d* - 63 ans

B Histoire romaine

1 Les fondateurs de Rome étaient vénérés par les Romains. Comment s'appelaient-ils ?

□ *a* - Castor et Pollux
□ *b* - Romulus et Rémus
□ *c* - Laurelus et Hardius

2 Au IIIe siècle avant Jésus-Christ, Rome, désirant étendre ses conquêtes, se heurta à la toute-puissante cité méditerranéenne

de ce moment : Carthage (en actuelle Tunisie). Lors de la seconde guerre entre les Romains et les Carthaginois (fin du IIIe siècle), ces derniers envahirent rapidement l'Italie. Ils étaient commandés par un jeune général, stratège expérimenté, homme d'une culture remarquable. Ce chef fit trembler Rome. Qui est-ce ?

□ *a* - Hannibal
□ *b* - Maharbal
□ *c* - Baobal

3 Un Romain tient une place importante dans l'histoire de sa cité. Avocat aux plaidoiries éloquentes, homme d'Etat ayant sauvé Rome d'un complot, écrivain de talent, adversaire de César et d'Antoine, il fut assassiné par les partisans de ce dernier. Qui est cet homme ?

□ *a* - Virgile
□ *b* - Pétrone
□ *c* - Cicéron

4 Chez les Romains, un homme politique qui souhaitait présenter un projet ou faire une allocution au peuple montait sur une tribune située sur la place publique et prenait la parole. Comment appelle-t-on la place publique romaine, cœur de toute cité ?

□ *a* - Forum
□ *b* - Agora
□ *c* - Piazza

5 En 58 avant Jésus-Christ, César part conquérir la Gaule. D'abord facile, la conquête romaine se heurte à la résistance de certaines tribus unies derrière un jeune chef gaulois. Comment se nomme ce chef ?

□ *a* - Elastix
□ *b* - Vercingétorix
□ *c* - Laëleuhix

6 Quel était le prénom de César ?

□ *a* - Jules (Julius)

□ *b* - Marius
□ *c* - Caius

7 De retour de Gaule, César voulut retrouver la première place à Rome. Il se heurta à un adversaire aussi ambitieux que lui, un général de renom. L'affrontement tourna à la guerre civile. Qui est cet adversaire ?

□ *a* - Pompée
□ *b* - Brutus
□ *c* - Crassus

8 En 27 avant Jésus-Christ, Octave, déjà maître de Rome, se donne le titre de « premier citoyen romain », titre qui masque, en fait, celui d'empereur. Octave, cependant, ne régnera pas sous ce nom. Qui est Octave ?

□ *a* - L'empereur Claude
□ *b* - L'empereur Hadrien
□ *c* - L'empereur Auguste

9 En 64 après Jésus-Christ, Rome fut ravagée par un terrible incendie. La tradition accuse l'empereur alors au pouvoir d'avoir fait brûler la ville pour son plaisir et d'avoir accusé les Chrétiens du crime. Qui est cet empereur ?

□ *a* - Auguste
□ *b* - Néron
□ *c* - Tibère

10 L'empereur Néron, après un début de règne heureux, se signala par ses atrocités. Son précepteur fut pourtant un philosophe. Qui éduqua le jeune Néron ?

□ *a* - Sénèque
□ *b* - Platon
□ *c* - Pétrone

4. Le Moyen-Age

La littérature médiévale reflète l'évolution de la société française du XIe au XVe siècle.

Les premiers siècles, XIe, XIIe, XIIIe, sont caractérisés par un essor économique, technologique, démographique important, ainsi que par un développement social, politique, religieux et culturel marquant. Cette période d'expansion s'accompagne, en littérature, d'un dynamisme créateur.

C'est au XIIe siècle, notamment, que se développent les textes en langue « vulgaire », c'est-à-dire la langue du peuple.

La France du Moyen-Age est plurilingue. Trois langues majeures y existent : le latin, langue de la Bible et des clercs ; la langue d'oc, parlée par la population au Sud du pays ; la langue d'oïl, celle du Nord du pays, où se trouvent le roi et la cour.

A partir du XIIe siècle, la littérature n'est plus exclusivement dominée par le latin. La poésie occidentale en langue vulgaire s'affirme, d'abord en langue d'oc, celle des troubadours, puis au XIIe siècle environ en langue d'oïl, celle des trouvères.

Les deux langues rivalisent un certain temps, jusqu'à ce que la langue d'oïl, celle de la monarchie, s'impose au pays.

Mais s'il y a rivalité d'influence entre poésie du Nord et poésie du Sud, toutes deux traitent d'un même thème, nouveau et fondamental : le thème de l'amour courtois ou *fin'amor*.

Cet amour, qui suit un code strict, complexe, apparaît et prend de l'importance aussi bien en poésie que dans les romans, en vers, puis en prose.

Car XIe, XIIe et XIIIe siècles voient naître et triompher le roman.

D'abord sous forme d'épopées, où dominent récits de batailles et merveilleux.

Puis sous une forme rendue plus dynamique par l'introduction des thèmes de l'aventure chevaleresque et de la quête.

Avec l'amour courtois, enfin, la présence de nombreux personnages féminins et d'une certaine analyse psychologique enrichit encore le genre romanesque.
A cette période de développement et d'optimisme succède une époque de crise, aux XIVe et XVe siècles. La guerre (de Cent ans), la peste ravagent la France. Le pouvoir royal s'affaiblit, tandis que révoltes et émeutes du peuple se multiplient. A la fin du règne de Charles VI, les Anglais occupent une grande partie du territoire de la France : l'Etat français est chancelant.
La littérature traduit cette crise : les écrivains des XIVe et XVe siècles, notamment les poètes, apparaissent plus inquiets devant l'avenir. Ils se replient sur eux-mêmes pour laisser libre cours à leurs réflexions sur le monde et à leurs sentiments.
Ainsi se développe en particulier une poésie lyrique, fondée sur des formes nouvelles comme le rondeau ou, surtout, la ballade.
Nous vous présenterons successivement :

- les récits d'aventures chevaleresques, la chanson de Roland, les Chevaliers de la Table Ronde ;
- les poètes lyriques du Moyen-Age ;
- les principaux rois de France du Ve au XVe siècle.

A Les récits d'aventures chevaleresques*

Deux légendes importantes sont célèbres :

* celle de l'empereur Charlemagne et de ses compagnons ;
* celle du roi Arthur et de ses chevaliers.

Les aventures racontées à leur sujet sont un mélange de faits historiques et de pure invention.

I **La chanson de Roland** (écrite vers 1070)

C'est le texte le plus connu narrant la vie de l'empereur Charlemagne.

* Les réponses et commentaires sont en p. 224.

1 L'empereur Charlemagne a existé. A quelle époque vécut-il ?

□ *a* - Au VIIIe siècle après Jésus-Christ
□ *b* - Au Xe siècle
□ *c* - Au XIIe siècle

2 Selon la légende, Roland est

□ *a* - Le fils de Charlemagne
□ *b* - Le frère de Charlemagne
□ *c* - Le neveu de Charlemagne

3 Parmi ces personnages, quels sont les compagnons de Charlemagne ?

□ *a* - L'évêque Turpin
□ *b* - Gauvain
□ *c* - La Boétie
□ *d* - Mordred
□ *e* - Olivier
□ *f* - Roland

4 Comment se nomme le chevalier, traître à son roi, qui provoque la mort de ses compagnons ?

□ *a* - Ganelon
□ *b* - Fénelon
□ *c* - Félon

5 L'épisode le plus célèbre de la Chanson de Roland est une bataille, où les compagnons de Charlemagne et leurs soldats meurent. A quel col des Pyrénées a lieu cette bataille ?

□ *a* - Au col de la Mort
□ *b* - Au col du Perthus
□ *c* - Au col de Roncevaux

6 L'armée de Charlemagne se trouve dans les Pyrénées car l'empereur y est en guerre contre :

□ *a* - Les Turcs
□ *b* - Les Sarrasins
□ *c* - Les Basques

7 Roland, au moment de l'attaque, commande :

□ *a* - L'avant-garde de l'armée
□ *b* - L'arrière-garde de l'armée
□ *c* - Un corps d'élite de l'armée

8 Comment s'appelle l'épée de Roland ?

□ *a* - Bucéphale
□ *b* - Excalibur
□ *c* - Durandal

9 Pour avertir l'empereur de l'attaque ennemie, de quoi sonne Roland ?

□ *a* - De l'olifant
□ *b* - De la trompe
□ *c* - Du clairon

10 En apprenant la mort de Roland, la jeune fiancée de ce dernier meurt de chagrin. Comment se nomme-t-elle ?

□ *a* - Iseult
□ *b* - Ygraine
□ *c* - Aude

II Les aventures des chevaliers de la Table Ronde*

Evoquées dans des légendes celtiques, ces aventures furent ensuite racontées dans de nombreux ouvrages des XIIe et XIIIe siècles. Les textes français les plus connus sont ceux de l'écrivain champenois Chrétien de Troyes.

1 Le roi Arthur a réellement existé. A quelle époque vécut-il ?

□ *a* - Au VIe siècle après Jésus-Christ
□ *b* - Au VIIe siècle
□ *c* - Au VIIIe siècle
□ *d* - Au Xe siècle

* Les réponses et commentaires sont en p. 225.

2 Comment se nomme la ville du roi Arthur ?

☐ *a* - Chamaalot
☐ *b* - Camaalot
☐ *c* - Camelote

3 Qui est le plus célèbre chevalier au service du roi Arthur ?

☐ *a* - Langelot
☐ *b* - Lancelot
☐ *c* - Lédanlot

4 Ce chevalier devient l'amant de la reine, l'épouse d'Arthur. Comment s'appelle cette reine ?

☐ *a* - Guenièvre
☐ *b* - Geneviève
☐ *c* - Jeanne la Fière

5 Comment se nomme le proche conseiller du roi Arthur, celui qui veille sur lui depuis son enfance ?

☐ *a* - Gauvain
☐ *b* - Martin
☐ *c* - Merlin

6 A ce conseiller s'oppose souvent la sœur du roi Arthur. Qui est-elle ?

☐ *a* - La fée Morgane
☐ *b* - La fée Viviane
☐ *c* - La fée Carabosse

7 Les chevaliers du roi Arthur sont en quête d'un objet sacré. Comment est appelé cet objet ?

☐ *a* - Le Kraal
☐ *b* - Le Graal
☐ *c* - Le Baal

8 Le fils d'un des chevaliers du roi est récompensé de sa pureté et de sa ténacité dans la quête par une apparition de Dieu. Qui est-il ?

- ☐ *a* - Galaad
- ☐ *b* - Perceval
- ☐ *c* - Tristan

9 Comment le chevalier devenu l'amant de l'épouse royale termine-t-il sa vie ?

- ☐ *a* - Il monte sur le trône, après la mort d'Arthur, et épouse la reine
- ☐ *b* - Il s'exile et continue à accomplir des exploits
- ☐ *c* - Il se repent et se retire dans un monastère pour obtenir le pardon de Dieu

10 Comment le roi Arthur trouve-t-il la mort ?

- ☐ *a* - Il se noie en poursuivant un ennemi jusqu'au milieu d'un marais
- ☐ *b* - Il est tué d'une flèche, en pleine bataille, après avoir abattu de nombreux adversaires
- ☐ *c* - Il est tué en duel par son fils illégitime, qui s'était emparé du trône en l'absence du roi

B Les célèbres poètes lyriques du Moyen-Age*

Parmi les poètes français suivants, quels sont ceux qui écrivent au Moyen-Age ?

- ☐ Victor HUGO
- ☐ Clément MAROT
- ☐ RUTEBEUF
- ☐ Charles de BOURBON
- ☐ Charles d'ORLÉANS
- ☐ François RABELAIS
- ☐ François VILLON
- ☐ Christine de PISAN
- ☐ Anna de NOAILLES
- ☐ Bernard de VENTADOUR

* Les réponses et commentaires sont en p. 226.

C Les principaux rois de France du Moyen-Age (du Ve au XVe siècle)*

1 Quels événements marquent traditionellement le début et la fin du Moyen-Age ?

☐ *a* - la chute d'Athènes et la conquête de l'Ouest
☐ *b* - la chute de l'empire romain et la conquête de Constantinople
☐ *c* - la chute de Constantinople et le premier tour du monde par Magellan

2 Quel est le roi le plus célèbre de la dynastie mérovingienne ?

☐ *a* - Clovis
☐ *b* - Charlemagne
☐ *c* - Chilpéric

3 Quel est le roi le plus célèbre de la dynastie carolingienne ?

☐ *a* - Clovis
☐ *b* - Charlemagne
☐ *c* - Chilpéric

4 Qui est la mère de Charlemagne ?

☐ *a* - Aliénor d'Aquitaine
☐ *b* - Rodogune aux beaux cheveux
☐ *c* - Berthe au grand pied

5 Quelle fut la capitale de l'empereur Charlemagne ?

☐ *a* - Paris
☐ *b* - Aix-la-Chapelle
☐ *c* - Strasbourg

6 De quelle manière Hugues Capet est-il devenu roi ?

☐ *a* - Il a été élu
☐ *b* - Il a tué son frère aîné
☐ *c* - Il a succédé normalement à son père

* Les réponses et commentaires sont en p. 227.

7 En 1190, le roi Philippe-Auguste part pour la troisième Croisade. Il accompagne le jeune roi d'Angleterre. Qui est ce roi ?

☐ *a* - Guillaume le Conquérant
☐ *b* - Richard Cœur de Lion
☐ *c* - Jean sans Terre

8 Qui a-t-on appelé, par la suite, Saint-Louis ?

☐ *a* - Louis VIII
☐ *b* - Louis IX
☐ *c* - Louis X
☐ *d* - Louis XI

9 La mère de Saint-Louis fut une femme remarquable. Qui est-elle ?

☐ *a* - Aliénor d'Aquitaine
☐ *b* - Isabeau de Bavière
☐ *c* - Blanche de Castille

10 Où est mort le roi Saint-Louis ?
☐ *a* - A Paris
☐ *b* - A Rome
☐ *c* - A Carthage

11 Le petit-fils de Saint-Louis fut un roi qui gouverna d'une main de fer. Il sut asseoir la puissance royale en renforçant ses pouvoirs et en attaquant les personnalités trop influentes du royaume. Qui est ce roi ?

☐ *a* - Philippe IV le Bel
☐ *b* - Louis X le Hutin
☐ *c* - Louis VI le Gros

12 Ce roi anéantit l'ordre religieux et militaire le plus puissant de cette époque. De quel ordre s'agit-il ?

☐ *a* - L'ordre des Bénédictins
☐ *b* - L'ordre des Templiers
☐ *c* - L'ordre des Francs-Maçons

13 Sous quel roi Jeanne d'Arc a-t-elle « bouté les Anglais hors de France » ?

□ *a* - Charles VI
□ *b* - Charles VII
□ *c* - Charles VIII

14 Le roi Louis XI accrut le territoire du royaume de France en s'emparant, après une longue guerre, des terres d'un duc puissant. Qui est ce duc ?

□ *a* - Charles le Chauve, duc des Causses
□ *b* - Charles le Fier, duc de Bretagne
□ *c* - Charles le Téméraire, duc de Bourgogne

15 Comment est mort le roi Charles VIII ?

□ *a* - Il s'est violemment cogné la tête au linteau d'une porte basse.
□ *b* - Il fut frappé d'une flèche au cœur, à la bataille de Naples.
□ *c* - Il fut accidentellement blessé par un seigneur français au cours d'un tournoi.

5. Le XVIe siècle

La fin du XVe siècle voit l'amorce d'un effacement de la crise qui déchire le pays depuis de longues années : le pouvoir royal se raffermit, l'économie se redresse.

Pourtant, les difficultés subsistent et mettent cette fin de siècle sous le signe du contraste, un contraste qui marque puissamment tout le XVIe siècle.

Au XVIe siècle, en effet, se heurtent découvertes révolutionnaires et traditions étouffantes, désir de progrès et peur de l'avenir, fureur des guerres et délicatesse des arts.

De nombreuses découvertes bouleversent les mentalités.

Il s'agit, d'abord, bien entendu, de la découverte du continent américain par Christophe Colomb. Mais il s'agit aussi des diverses explorations entreprises par d'autres navigateurs, Magellan, Jacques Cartier, ou encore Vasco de Gama, qui trace une route vers l'Orient en passant par le Sud de l'Afrique.

Les Européens entrent ainsi en contact avec d'autres peuples, d'autres civilisations raffinées, et prennent conscience que la Terre est plus vaste qu'ils ne le pensaient, que l'Europe n'est peut-être pas le point essentiel du globe.

Cette relativité leur est aussi imposée par les découvertes de l'astronomie. Certains savants contestent les savoirs établis, refusent la vision rassurante d'un monde fermé, parlent d'un univers infini.

Copernic soutient, contre la tradition, que toutes les planètes, même la Terre, gravitent autour du Soleil.

Toutes ces découvertes conduisent à la remise en cause des valeurs et idées affirmées, essentiellement par l'Eglise, depuis des siècles. Elles mènent au doute et à une appréhension de l'avenir.

Cette remise en cause des valeurs passées est accentuée par le mouvement humaniste, mouvement de retour à la littérature antique.

Apparu d'abord en Italie avant le XVIe siècle, l'humanisme se caractérise, dans un premier temps, par un désir de retrouver la lettre même des textes gréco-latins : en établir la meilleure leçon possible, les traduire en langue vulgaire, les commenter, les éditer.

Ainsi, de nombreux lecteurs pourront accéder directement à l'ensemble de la culture antique, alors que la tradition a préféré, jusque-là, dissimuler ou déformer les écrits gréco-latins.

L'humanisme est donc aussi une ouverture sur un autre monde, le monde antique. Il s'accompagne d'un grand optimisme : l'on pense que, grâce à un accès plus facile aux livres (ne pas oublier que l'imprimerie se développe) et à l'éducation, la population pourra se cultiver pour progresser.

L'humanisme apporte un nouveau mode de vie et stimule les arts.

En littérature, le XVIe siècle est marqué par l'imitation des textes antiques, voire leur pillage : les créations des écrivains se réfèrent directement à des modèles grecs ou latins.

Ainsi, chez Montaigne, la pensée des auteurs antiques, maîtrisée et assimilée, vient soutenir la réflexion de l'écrivain : d'où les multiples citations qui émaillent son texte.

Les poètes de la Pléiade s'inspirent de la poésie d'Homère, Virgile, Ovide, mais aussi de la tragédie et comédie antiques.

La mythologie gréco-latine nourrit leurs textes, et le théâtre connaît une renaissance remarquable.

Mais le mouvement humaniste a suggéré une idée qui aura des conséquences fâcheuses : chaque lecteur doit avoir un contact individuel avec les textes pour en tirer une réflexion personnelle.

Cette idée, déjà contestée par l'Eglise lorsqu'elle concerne les textes antiques, ne peut plus être acceptée par le clergé lorsqu'il s'agit de la Bible.

On ne saurait affirmer catégoriquement que le mouvement humaniste, par son retour aux origines et son désir de culture individuelle, a donné naissance à la Réforme.

Cependant, l'on retrouve dans l'*évangélisme* (courant de pensée qui rassemble, au XVIe siècle, tous les partisans d'une réforme du christianisme) l'idée qu'une lecture directe des Evangiles doit être pratiquée par le croyant. Car seule cette lecture permet une véritable relation personnelle entre l'homme et Dieu, au-delà des commentaires et interprétations donnés par l'Eglise.

Cette idée, combattue avec d'autres par l'Eglise, conduira partisans et adversaires à l'affrontement le plus violent.

Le XVIe siècle s'achève comme il a commencé, dans des guerres meurtrières.
Nous vous présenterons successivement :

– des questions d'intérêt général sur le XVIe siècle ;
– François Rabelais (1494-1553) ;
– les poètes de la Pléiade ;
– Montaigne (1533-1592).

A Un siècle de fureur et de nouveauté*

1 Le XVIe siècle est dominé par les guerres. Comment appelle-t-on celles qui se déroulent au début du siècle ?

☐ *a* - Les guerres de Cent ans
☐ *b* - Les guerres d'Italie
☐ *c* - Les guerres de religion

2 Comment appelle-t-on les guerres qui ont lieu à la fin du XVIe siècle ?

☐ *a* - Les guerres de Cent ans
☐ *b* - Les guerres d'Italie
☐ *c* - Les guerres de religion

3 Au XVIe siècle, les guerres de religion opposent-elles :

☐ *a* - Catholiques et Protestants
☐ *b* - Catholiques et Anglicans
☐ *c* - Catholiques et Musulmans

4 Un roi de France fut, au XVIe siècle, assassiné par un moine. Est-ce :

☐ *a* - François Ier
☐ *b* - Henri III
☐ *c* - Henri IV

* Les réponses et commentaires sont en p. 229.

5 Le XVIe siècle est marqué par un renouveau des arts et des modes de vie. Ce renouveau, d'abord apparu en Italie au XVe siècle, est appelé :

□ *a* - La Résurrection
□ *b* - La Relance
□ *c* - La Renaissance

6 Le roi François Ier fit venir en France des artistes italiens dont un est particulièrement célèbre. De qui s'agit-il ?

□ *a* - Léonard de Vinci
□ *b* - Michel-Ange
□ *c* - Raphaël

7 François Ier a fait embellir ses palais. Il souhaite aussi voir construire de nouvelles résidences qui symboliseraient la douceur de vivre. L'un de ces nouveaux châteaux lui tenait particulièrement à cœur. Est-ce :

□ *a* - Le château de Fontainebleau
□ *b* - Le château de Chambord
□ *c* - Le château de Blois

8 L'humanisme caractérise le XVIe siècle. Au sens strict, l'humanisme est le mouvement artistique de retour à l'Antiquité. On parle « d'humanisme » car :

□ *a* - Dans l'Antiquité, on pensait que l'humanité se limitait aux Latins et aux Grecs.
□ *b* - La civilisation antique est tournée vers l'être humain, alors que la civilisation médiévale est tournée vers Dieu.
□ *c* - Humanismus est le savant qui, le premier, est revenu à la culture antique.

9 Parmi les noms suivants, un seul n'est pas celui d'un humaniste du XVIe siècle. Lequel ?

□ *a* - Erasme
□ *b* - Rabelais
□ *c* - Montaigne
□ *d* - Ronsard
□ *e* - l'abbé Prévost
□ *f* - Joachim du Bellay

10 Chez les humanistes français, quatre langues sont étudiées et pratiquées, en plus de la langue maternelle. Sont-ce :

☐ *a* - Le latin, le grec, l'hébreu, l'arabe
☐ *b* - Le latin, le grec, l'italien, l'anglais
☐ *c* - Le latin, le grec, l'espagnol, l'allemand

B François Rabelais (1494-1553)*

Auteur à la vie mouvementée, Rabelais a écrit une œuvre qui reflète, surtout, l'optimisme du début du XVIe siècle.

1 Où Rabelais est-il né ?

☐ *a* - Près de Paris
☐ *b* - Près de Chinon
☐ *c* - Près de Tours

2 Dans la liste suivante, trouver l'activité que Rabelais n'a pas exercée :

☐ *a* - Celle de moine franciscain
☐ *b* - Celle de moine bénédictin
☐ *c* - Celle de médecin
☐ *d* - Celle de secrétaire

3 Rabelais a beaucoup voyagé. Retrouver, parmi les cités ci-dessous, trois villes où il ne s'est pas rendu :

☐ *a* - Lyon
☐ *b* - Rome
☐ *c* - Londres
☐ *d* - Metz
☐ *e* - Montpellier
☐ *f* - Amsterdam
☐ *g* - Paris
☐ *h* - Madrid

4 Au moment où Rabelais écrit, l'université de la Sorbonne est dirigée par l'Eglise catholique. Elle a le droit de juger un écrivain et ses œuvres. Pour ses écrits, Rabelais fut :

☐ *a* - Brûlé par la Sorbonne
☐ *b* - Emprisonné par la Sorbonne
☐ *c* - Condamné par la Sorbonne

* Les réponses et commentaires sont en p. 230.

5 Rabelais a publié son premier ouvrage sous un pseudonyme. Est-ce :

□ *a* - Sialebar Soifranc
□ *b* - Pierre Lerabais
□ *c* - Alcofrybas Nasier
□ *d* - Fransiscus Doctus

6 Parmi les titres ci-dessous, retrouver les œuvres écrites par Rabelais :

□ *a* - *Panurge*
□ *b* - *Pantagruel*
□ *c* - *L'Eloge de la Folie*
□ *d* - *Les Amours*
□ *e* - *Le Tiers Livre*
□ *f* - *Le Quart Livre*
□ *g* - *Le Cinquième Livre*
□ *h* - *Le Sixième Livre*

7 Qui est Gargantua ?

□ *a* - Le fils de Pantagruel
□ *b* - Le père de Pantagruel
□ *c* - Le frère de Pantagruel

8 Quelle est la particularité de Pantagruel et Gargantua ?

□ *a* - Ce sont des nains
□ *b* - Ce sont des dieux
□ *c* - Ce sont des géants

9 De ces personnages, quels sont ceux qui apparaissent dans l'œuvre de Rabelais ?

□ *a* - Gargamelle
□ *b* - Les Schtroumpfs
□ *c* - Le philosophe Pangloss
□ *d* - Pantagruel
□ *e* - Les Andouilles
□ *f* - Panurge
□ *g* - Les habitants des îles Tohu et Bohu

10 Au début des aventures de ses héros, Rabelais s'explique. Il affirme avoir écrit ces histoires :

□ *a* - Pour critiquer sa société
□ *b* - Pour faire rire son lecteur
□ *c* - Pour dénoncer l'Eglise

C Les poètes de la Pléiade*

Sous l'influence italienne, la poésie française, au XVIe siècle, s'oriente vers un certain lyrisme (elle exprime des sentiments personnels). Le groupe de poètes le plus célèbre est celui de la Pléiade.

1 Au début du XVIe siècle, une forme particulière de poème est introduite en France, par imitation des auteurs italiens. Elle est, ensuite, développée par les poètes de la Pléiade. Est-ce :

□ *a* - la ballade
□ *b* - le sonnet
□ *c* - l'épigramme

2 Certains poètes travaillant ensemble eurent l'idée d'appeler leur groupe « La Pléiade ». Pour quelle raison ?

□ *a* - Parce qu'ils étaient nombreux. Ils formaient une pléiade de poètes.
□ *b* - Parce qu'ils chantaient l'amour. Pléiade est une nymphe célèbre, aimée de Zeus.
□ *c* - Parce qu'ils étaient sept. La constellation de La Pléiade compte sept étoiles.

3 Voici les noms des poètes de La Pléiade. Parmi eux s'est glissé le nom d'un auteur qui ne fit jamais partie du groupe. Retrouver son nom.

□ *a* - Ronsard
□ *b* - Baïf
□ *c* - du Bellay
□ *d* - Jodelle
□ *e* - Belleau
□ *f* - Pontus de Tyard
□ *g* - Peletier du Mans
□ *h* - Agrippa d'Aubigné

4 Les poètes de la Pléiade se sont faits les défenseurs de la langue française. Ils souhaitaient qu'elle fût plus employée, à la place du latin des savants. L'un d'eux écrivit la *Défense et Illustration de la langue française* en 1549. Qui est cet auteur ?

□ *a* - Ronsard

* Les réponses et commentaires sont en p. 231.

□ *b* - du Bellay
□ *c* - Toubonus de Tyard

5 L'un des poètes de La Pléiade le plus célèbre est Joachim du Bellay. De santé fragile, il fut atteint :

□ *a* - d'asthme
□ *b* - de tuberculose
□ *c* - de surdité partielle

6 Passionné d'Antiquité, du Bellay fut enthousiasmé de pouvoir faire un voyage :

□ *a* - à Athènes
□ *b* - à Jérusalem
□ *c* - à Rome

7 Ce séjour, ennuyeux, le déçut pourtant profondément. Le poète évoque cette déception dans un recueil de poèmes. Comment s'appelle ce recueil ?

□ *a* - *Les Remords*
□ *b* - *Les Regrets*
□ *c* - *L'Ennui*

8 L'autre poète de la Pléiade le plus célèbre est Pierre de Ronsard. Ami de du Bellay, il fut, lui aussi, de santé fragile. Il fut atteint :

□ *a* - d'asthme
□ *b* - de tuberculose
□ *c* - de surdité partielle

9 Ronsard, poète au talent varié, est surtout connu pour sa poésie amoureuse. Dans son recueil, *Les Amours*, il célèbre trois femmes, dont il fut successivement épris. Retrouver, dans la liste suivante, leur prénom :

□ *a* - Cassandre □ *d* - Hélène
□ *b* - Pénélope □ *e* - Marie
□ *c* - Andromaque □ *f* - Ariane

10 Parmi les vers suivants, retrouver ceux écrits par Ronsard :

□ *a* - « Quand vous serez bien vieille, au soir, à la chandelle... »
□ *b* - « Heureux qui, comme Ulysse, a fait un beau voyage... »
□ *c* - « Cueillez, cueillez votre jeunesse... »
□ *d* - « Je fais souvent ce rêve étrange et pénétrant... »

D Montaigne (1533-1592) et la fin du siècle*

1 Montaigne est né dans une région du sud de la France. Laquelle ?

□ *a* - Le Languedoc
□ *b* - La Provence
□ *c* - Le Bordelais

2 Le père de Montaigne avait des idées nouvelles en matière d'éducation. La première langue que Montaigne, enfant, apprit ne fut pas le français. Jusqu'à l'âge de six ans, il ne parla que :

□ *a* - le latin
□ *b* - l'italien
□ *c* - l'anglais

3 Au début de sa carrière, Montaigne rencontra un homme qui devint son plus grand ami. Qui est-ce ?

□ *a* - Joachim du Bellay
□ *b* - Etienne de La Boétie
□ *c* - Pierre de Ronsard

4 Pour expliquer cette amitié profonde, Montaigne a une expression restée célèbre. Il déclare :

□ *a* - « Parce que nous nous connaissions avant même que de nous rencontrer. »
□ *b* - « Parce que c'était lui, parce que c'était moi. »
□ *c* - « Parce que nous nous sommes compris sans prononcer mot. »

* Les réponses et commentaires sont en p. 232.

5 S'il fut écrivain, Montaigne fut aussi un homme public, qui exerça plusieurs charges. Parmi ces fonctions, quelles sont celles que Montaigne n'a pas exercées ?

□ *a* - Magistrat
□ *b* - Conseiller du roi
□ *c* - Maire
□ *d* - Chancelier
□ *e* - Conseiller au Parlement
□ *f* - Général de l'armée royale

6 Dans l'œuvre principale de Montaigne, l'écrivain tente de juger personnellement son monde et de parler de lui. Comment s'appelle cette œuvre ?

□ *a* - *Les Méditations*
□ *b* - *Les Hommes*
□ *c* - *Les Essais*

7 Pour travailler au calme, Montaigne avait l'habitude de se retirer dans un endroit écarté. Est-ce :

□ *a* - une tour de son château
□ *b* - une cabane au fond de son bois
□ *c* - une maisonnette sur une île de son étang

8 Dans un des chapitres de son œuvre principale, Montaigne prend la défense d'un peuple que les Européens considèrent comme barbare. Quel est ce peuple ?

□ *a* - celui des Incas
□ *b* - celui des Sioux
□ *c* - celui des Cannibales

9 Montaigne a vécu pendant les guerres de religion. Il est connu et apprécié du roi Henri III, catholique, ainsi que des Protestants. Pourquoi ?

□ *a* - Homme franc, Montaigne dit à tous que leur conduite est stupide.
□ *b* - Homme modéré, Montaigne participe aux négociations entre le roi et les Protestants.
□ *c* - Homme neutre, Montaigne refuse de s'engager dans la moindre discussion.

10 Montaigne, serviteur du roi Henri III, a fidèlement soutenu le successeur de ce dernier. Quel roi a succédé à Henri III ?

□ *a* - Henri IV
□ *b* - Charles IX
□ *c* - Charles X

6. Le XVIIe siècle

Après les guerres de religion du XVIe siècle, la France aspire à la paix et à la stabilité, aussi bien en politique que dans les domaines religieux et intellectuels.
Henri IV hérite de la couronne de France en 1589. Par l'Edit de Nantes (1598), il souhaite apaiser les relations entre Catholiques et Protestants.
Pourtant, les tensions internes sont encore vives. Henri IV est assassiné en 1610 et, sous le règne de Louis XIII, complots des nobles et révoltes paysannes ou urbaines se multiplient. Après la mort du roi, en 1643, cette agitation atteint son apogée avec la Fronde, qui, à partir de 1648, conteste la toute puissance monarchique.
Le XVIIe siècle s'ouvre, ainsi, sur un certain désordre, qui affecte l'art, et la littérature en particulier.
C'est une période que l'on qualifiera, beaucoup plus tard, de « baroque ».
En littérature, elle se caractérise par le goût des métamorphoses, de la mobilité, les tours surprenants, les fins inattendues. On s'attache aux travestissements, apparences trompeuses qui masquent le réel.
Ces caractères reflètent l'incompréhension et l'appréhension des hommes devant le monde en mutation découvert par le XVIe siècle.
Ils reflètent aussi le désir de vivre en liberté éprouvé par les survivants de guerres horribles.
Les œuvres baroques sont donc foisonnantes, fantaisistes et dynamiques.
La poésie, comme celle de Saint-Amant, mêle évocations morbides, sensualité imaginaire. Elle repose sur des métaphores travaillées, des énigmes, ou des compositions savantes.
Les romans tels que l'*Astrée* d'Honoré d'Urfé se multiplient. La structure en est floue : les récits y abondent, masquant l'intrigue principale. La vie des héros est faite de rebondissements imprévus, heureux ou malheureux.

Quant aux œuvres théâtrales, elles sont audacieuses et exubérantes. La tragédie classique a fait oublier les nombreux ballets, tragi-comédies, tragédies à machines… que le début du XVIIe siècle a vus foisonner.
Toutefois, dès le règne de Louis XIII, une volonté de passer, dans le pays, du désordre à l'ordre se fait sentir.
Richelieu renforce la centralisation du pouvoir monarchique, au détriment des avantages que possédaient les nobles. L'idée d'Etat prend peu à peu de l'importance.
Elle devient essentielle avec le règne de Louis XIV. Ce dernier refuse la présence des grands seigneurs, trop ambitieux, dans son Conseil. Il entend gouverner seul, appuyé par des ministres issus de la bourgeoisie, tels Louvois ou Colbert. En province, les intendants, sorte d'administrateurs, sont le relais du pouvoir royal. La monarchie de Louis XIV repose sur une Administration fermement établie et centralisée.
Malgré guerres incessantes et famines répétées, la France, ainsi reprise en main, connaît un épanouissement certain, qui touche aussi les arts. C'est la période dite «classique», terme employé pour la première fois au XVIIIe siècle afin de désigner les années 1660 à 1685.
La littérature, à ce moment, est moins marquée par l'imaginaire et la fantaisie.
Tous les genres sont affectés par un établissement progressif de règles précises, comme la poésie, avec Malherbe, ou encore le théâtre.
L'analyse psychologique se développe, notamment sur scène et dans les romans tels ceux de Madame de la Fayette : on réfléchit sur l'être humain, ses motivations, ses impulsions.
L'esprit tend à prendre le pas sur les sentiments.
Et le danger des passions est un thème constant : Corneille, Pascal, Madame de la Fayette montrent la nécessité de les dominer par la raison.
Racine, Molière parfois, soulignent à quel point une passion mal maîtrisée est destructrice.
Le XVIIe siècle est l'âge d'or du théâtre, qui devient un phénomène littéraire et social. Voilà pourquoi nous nous en sommes tenus à l'évocation des trois dramaturges les plus célèbres de leur temps, Corneille, Molière et Racine (moyen mnémotechnique : l'ordre alphabétique correspond à l'ordre chronologique de leur naissance).

A Pierre Corneille (1606-1684)*

1 Corneille est né dans une ville située au bord de la Seine. Est-ce ? :

☐ *a* - Paris
☐ *b* - Rouen
☐ *c* - Elbeuf

2 Corneille a fait des études sérieuses. Il devint :

☐ *a* - Mathématicien
☐ *b* - Médecin
☐ *c* - Avocat

3 Qu'a écrit Corneille pour le théâtre ?

☐ *a* - Uniquement des tragédies
☐ *b* - Uniquement des comédies
☐ *c* - Des tragédies et des comédies

4 Combien de pièces Corneille a-t-il écrites au cours de sa vie ?

☐ *a* - Une dizaine
☐ *b* - Une quinzaine
☐ *c* - Une vingtaine
☐ *d* - Une trentaine

5 Parmi les pièces ci-dessous, trois ne sont pas de Corneille. Les retrouver.

☐ *a - Horace*
☐ *b - Phèdre*
☐ *c - Dom Juan*
☐ *d - Polyeucte*
☐ *e - Tartuffe*
☐ *f - Tite et Bérénice*

6 L'œuvre la plus connue de Corneille est *Le Cid*. Le jeune héros de cette pièce se nomme :

☐ *a* - Rodrigue
☐ *b* - Rodolphe
☐ *c* - Renaud
☐ *d* - Roland

* Les réponses et commentaires sont en p. 234.

7 La jeune femme dont ce héros est amoureux et aimé se nomme :

□ *a* - Célimène
□ *b* - Climène
□ *c* - Chimène
□ *d* - Céline

8 Dans l'intrigue de cette pièce, le héros ne peut plus prétendre épouser celle qu'il aime car :

□ *a* - Il a tué le roi d'Espagne
□ *b* - Il a tué le père de sa bien-aimée
□ *c* - Il a tué son propre père

9 Souvent, le héros d'une tragédie de Corneille doit choisir entre deux valeurs qui lui sont chères. On parle alors de « dilemme cornélien ». Quelles sont ces deux valeurs ?

□ *a* - L'honneur et l'argent
□ *b* - L'honneur et la gloire
□ *c* - L'honneur et l'amour

10 Dans *Cinna*, célèbre tragédie de Corneille, le héros, jeune homme romain, complote pour assassiner Auguste, un autre personnage de la pièce. Qui est Auguste ?

□ *a* - Un empereur romain
□ *b* - Un magistrat romain
□ *c* - Un célèbre clown romain

B Molière (1622-1673)*

Auteur de farces et de comédies, Molière domine le monde du spectacle pendant environ 15 ans.

1 Né dans la bourgeoisie parisienne, Molière n'était pas destiné à devenir homme de théâtre. Quel métier exerçait son père ?

□ *a* - Pâtissier du roi
□ *b* - Tapissier du roi
□ *c* - Valet de chambre du roi

* Les réponses et commentaires sont en p. 235.

2 Molière, dans sa jeunesse, fit de sérieuses études. Il devint :

□ *a* - Avocat
□ *b* - Apothicaire
□ *c* - Astronome

3 La troupe de théâtre qui accueillit Molière prit, par la suite, pour nom :

□ *a* - L'Illustre Théâtre
□ *b* - L'Illustre Troupe
□ *c* - L'Illustre Comédie

4 Parmi les fonctions suivantes, quelle est celle que Molière n'a pas exercée ?

□ *a* - Directeur de théâtre
□ *b* - Metteur en scène
□ *c* - Acteur
□ *d* - Auteur

5 Quelle pièce de Molière remporta un vif succès et marqua le début de la célébrité parisienne de la troupe ?

□ *a* - *Le Malade imaginaire*
□ *b* - *L'Ecole des Femmes*
□ *c* - *Les Précieuses Ridicules*

6 Parmi les personnages suivants, trouver ceux qui ne sont pas des héros de Molière :

□ *a* - Dom Juan
□ *b* - M. de Sigognac
□ *c* - M. de Bergerac
□ *d* - Agnès
□ *e* - Alceste
□ *f* - Aragon
□ *g* - Sganarelle
□ *h* - Jourdain

7 Une des pièces de Molière s'intitule *Le Tartuffe*. Qu'est-ce qu'un tartuffe ?

□ *a* - Une personne butée, qui veut toujours avoir raison.
□ *b* - Une personne hypocrite, qui feint des sentiments qu'elle n'éprouve pas.
□ *c* - Une personne stupide, qui se laisse tromper facilement.

8 Une des pièces de Molière est une « comédie-ballet » : Molière invente un spectacle où l'action théâtrale se mêle au chant, à la musique et à la danse. Quelle est cette pièce ?

□ *a - Le Lac des Cygnes*
□ *b - Le Bourgeois Gentilhomme*
□ *c - L'Avare*

9 Molière avait une santé très fragile. Il était :

□ *a* - Malade des poumons
□ *b* - Malade du cœur
□ c - Malade du cerveau

10 Molière est mort, alors qu'il venait de jouer l'une de ses pièces. Est-ce :

□ *a - Le Médecin malgré lui*
□ *b - Le Malade condamné*
□ *c - Le Malade imaginaire*

C Jean Racine (1639-1699)*

Racine a, par ses tragédies, dominé la fin du XVIIe siècle.

1 Racine souhaite que le théâtre montre aux spectateurs les conséquences des passions humaines mal maîtrisées. Il choisit surtout ses sujets :

□ *a* - dans la mythologie et l'histoire antiques
□ *b* - dans les légendes et l'histoire du Moyen-Age
□ c - dans les faits et l'actualité de son temps.

2 Au début de sa carrière, Racine fit jouer ses premières pièces par la troupe d'un autre grand dramaturge de ce temps. Est-ce :

□ *a* - la troupe de Corneille
□ *b* - la troupe de Molière
□ c - la troupe de La Fontaine

* Les réponses et commentaires sont en p. 236.

3 Au moment où Racine fait jouer sa pièce, *Bérénice*, en 1670, un autre grand auteur présente *Tite et Bérénice*, qui raconte la même histoire. Qui est ce rival ?

□ *a* - Corneille
□ *b* - Molière
□ *c* - La Fontaine

4 *Phèdre* est la pièce la plus connue de Racine. Qui est Phèdre ?

□ *a* - La sœur du roi Thésée
□ *b* - L'épouse du roi Pyrrhus
□ *c* - L'épouse du roi Thésée

5 Quel est le drame de Phèdre ?

□ *a* - Elle aime son beau-fils.
□ *b* - Elle aime son beau-père.
□ *c* - Elle aime son beau-frère.

6 Les tragédies de Racine répondent souvent aux règles établies par les critiques littéraires de son temps (ce que l'on a appelé les « règles classiques »). Parmi ces règles, on trouve la règle dite « des trois unités ». De quoi s'agit-il ?

□ *a* - La pièce doit se dérouler en trois actes et chaque acte est centré sur un personnage.
□ *b* - La pièce doit présenter trois personnages principaux, chacun vivant sa propre aventure.
□ *c* - La pièce doit se dérouler en un seul lieu, en une seule journée, et présenter une seule intrigue.

7 Racine a écrit une comédie. Quel est son titre ?

□ *a* - *Alexandre*
□ *b* - *Les Plaideurs*
□ *c* - *Le Roi fainéant*

8 Racine a, outre ses activités d'écrivain, exercé des fonctions très officielles auprès de Louis XIV. Il fut :

□ *a* - Souffleur du roi (pendant les discours)

□ *b* - Historiographe du roi (pendant les guerres)
□ *c* - Bouffon du roi (pendant les fêtes)

9 Pris par ses fonctions officielles, Racine abandonna le théâtre. Mais il écrivit, à la fin de sa vie, deux pièces racontant des épisodes bibliques, pour répondre à la demande de la maîtresse du roi. Qui est cette femme ?

□ *a* - Madame de Sévigné
□ *b* - Madame de Montespan
□ *c* - Madame de Maintenon

10 Combien de pièces Racine a-t-il écrites ?

□ *a* - Une huitaine
□ *b* - Une dizaine
□ *c* - Une douzaine
□ *d* - Une vingtaine
□ *e* - Une trentaine

7. Le XVIIIe siècle

Un mouvement de libération favorisé par une croissance économique certaine caractérise le XVIIIe.
Au début du siècle, la Régence de Philippe d'Orléans succède à un règne long et pesant.
Elle est perçue comme le début d'une ère nouvelle.
La France se rapproche de l'Angleterre et de la Hollande, nations libérales et protestantes.
Une plus grande tolérance religieuse est respectée : ni les Jansénistes ni les Protestants ne sont plus inquiétés.
Le commerce, surtout colonial, rend l'économie plus dynamique. Les grandes misères tendent à disparaître.
Sous le règne de Louis XV, l'ouverture et la croissance se poursuivent. Si les pauvres sont encore nombreux, bien des personnes parviennent à s'arracher aux bras de la misère, parfois même à acquérir des rudiments de culture. On apprend davantage à lire et à écrire.
On aspire, ainsi, à un état meilleur.
Les idées évoluent également. Certains écrivains du XVIIIe siècle font preuve d'un esprit critique fondé sur un raisonnement logique.
Ils dénoncent les superstitions, les vieilles traditions, et prouvent leur absence de fondement.
Ils attaquent le clergé, qui maintient le peuple dans l'ignorance.
Ces hommes, que l'on appelle « les philosophes du XVIIIe siècle », critiquent avec autant de violence une monarchie à leurs yeux vieillie, trop absolutiste.
Ils soulignent les injustices de la Justice royale, condamnent les privilèges des grands seigneurs.
S'ils sont penseurs et hommes de lettres, ils se battent, néanmoins, pour obtenir des réformes, au prix, parfois, de leur liberté, sévèrement menacée par la Censure.
Les philosophes souhaitent établir une société meilleure, tournée vers le progrès. Ils ont foi dans l'individu. Ils le placent au centre de leurs réflexions et recherches.

Car les philosophes sont tous attirés par la science. Ainsi, certaines œuvres, comme celles de Condillac ou de Buffon, tentent de déterminer la nature et la place de l'homme.
D'autres rassemblent tous les savoirs du temps, tel l'ouvrage encyclopédique dirigé par Diderot.
Ce travail des philosophes donne aux écrits en prose une place essentielle au XVIIIe siècle.
Le roman, d'abord, s'épanouit en de multiples formes : roman d'apprentissage, roman sentimental, roman épistolaire...
A travers les épisodes qu'ils font vivre à leurs héros, les écrivains critiquent la société de leur temps, réfléchissent sur l'être humain, ou dépeignent leur monde idéal.
C'est aussi ce qu'ils font dans les nombreuses oeuvres en prose qui se développent alors : autobiographies, traités, dictionnaires, essais...
La philosophie gagne tous les genres littéraires.
Ainsi, la poésie devient expression des réflexions philosophiques. Instrument de la raison, elle ne transmet guère de sensibilité propre.
Quant au théâtre, il demeure un divertissement social. Si la tragédie, trop pompeuse, est en déclin, si les drames bourgeois, trop larmoyants, sont vite oubliés, la comédie reste dynamique, en particulier celle de Marivaux et celle de Beaumarchais, très impertinente.
Mais, quel que soit le genre littéraire adopté, l'humour, la raillerie ou l'ironie sont présents : les philosophes font apparaître, sur le mode plaisant ou grinçant, l'absurdité de certaines coutumes, de certaines idées reçues.
La littérature du XVIIIe siècle est donc à la fois riche, profonde et enlevée.
Son influence sur les mentalités, tout autant qu'une situation sociale explosive, a conduit, en 1789, à imposer au roi Louis XVI, trop indécis, un changement révolutionnaire.

Les écrits philosophiques marquent le XVIIIe *siècle. Mais les philosophes étaient aussi auteurs dramaturges ou romanesques.*

A Les écrits philosophiques du XVIIIe siècle*

1 Le XVIIIe siècle est appelé « le siècle des Lumières ». Pourquoi ?

□ *a* - Car les Lumières représentent les premières découvertes en électricité, faites au XVIIIe siècle.
□ *b* - Car les Lumières représentent les philosophes, véritables « phares » de leur époque.
□ *c* - Car les Lumières représentent l'effet de la raison au travail : la raison permet d'élucider les mystères du monde.

2 Parmi les auteurs suivants, quels sont ceux que l'on nomme, traditionnellement, « philosophes du XVIIIe siècle » ?

□ *a* - Marivaux
□ *b* - Montesquieu
□ *c* - Diderot
□ *d* - Prévost
□ *e* - Saint-Just
□ *f* - Voltaire
□ *g* - Bernardin de Saint-Pierre
□ *h* - Rousseau

3 En 1721, paraît anonymement un roman épistolaire (par lettres), qui met en scène deux étrangers en voyage à Paris. Plus tard, l'auteur se découvre. Quel est ce roman ?

□ *a* - *Les Lettres persanes* de Montesquieu
□ *b* - *La Nouvelle Héloïse* de Rousseau
□ *c* - *Le voyage périlleux* de Tabarly

4 Ces deux étrangers sont des grands seigneurs persans, qui observent la société française d'un œil étonné et critique. Leur voyage se produit au début du XVIIIe siècle. Ils assistent à la fin d'un règne. Est-ce :

□ *a* - Celui de Louis XVI
□ *b* - Celui de Louis XV
□ *c* - Celui de Louis XIV

* Les réponses et commentaires sont en p. 237.

5 Les philosophes du XVIIIe siècle critiquent la société de l'Ancien Régime et, notamment, la monarchie absolue. Quel régime souhaitent-ils voir en place ?

□ *a* - L'anarchie
□ *b* - La monarchie parlementaire
□ *c* - La démocratie

6 Voltaire, philosophe, poète, dramaturge, historien, s'est aussi engagé dans des campagnes contre les erreurs judiciaires. L'une des « affaires » dont il s'est occupé est restée connue. Est-ce :

□ *a* - L'affaire Calas
□ *b* - L'affaire Dreyfus
□ *c* - L'affaire Seznec

7 Voltaire est le créateur d'un genre littéraire en prose ou, du moins, l'auteur qui a adapté et développé ce genre en France. Quel est ce genre littéraire ?

□ *a* - Le conte de fées
□ *b* - Le conte philosophique
□ *c* - Le conte à dormir debout

8 Diderot a écrit de nombreuses œuvres personnelles. Il fut aussi directeur d'un ouvrage ambitieux, en plusieurs volumes, rassemblant de multiples connaissances et réflexions sur l'homme, les sciences, les arts, les techniques. Comment se nomme cette œuvre ?

□ *a* - *Le Dictionnaire du parfait philosophe*
□ *b* - *Manuel pour comprendre le monde*
□ *c* - *L'Encyclopédie*

9 Rousseau tient, dans son siècle, une place particulière. Il élabore, dans un ouvrage, un projet de société où le peuple serait maître souverain du pouvoir. Quelle est cette œuvre ?

□ *a* - *Du Contrat social*
□ *b* - *Les Confessions*
□ *c* - *Pour un Etat nouveau*

10 Les pensées et les actions des philosophes sont à l'origine de la Révolution de 1789 et, surtout, d'un texte mondialement connu. Voté par l'Assemblée constituante le 26 août 1789, ce texte est :

□ *a* - La Constitution française
□ *b* - La Déclaration des droits de l'homme et du citoyen
□ c - La Proclamation de la République

B Le théâtre du XVIIIe siècle*

Après l'âge d'or du XVIIe siècle, le théâtre du XVIIIe siècle paraît un peu pauvre. Certains auteurs, cependant, restent célèbres.

1 Marivaux écrit au début du XVIIIe siècle. Son nom et l'histoire dominante de ses pièces ont donné naissance à un terme, qui désigne un certain genre de relations humaines. Quel est ce terme ?

□ *a* - Le marivaurien
□ *b* - Le marivaudage
□ c - Le marivaudoux

2 L'amour et la dissimulation sont au centre des pièces de Marivaux. Parmi les titres suivants, trouver ceux qui ne désignent pas des œuvres de cet auteur :

□ *a - Le Jeu de l'Amour et du Hasard*
□ *b - Les Fausses Confidences*
□ *c - Le Fils naturel*
□ *d - La Surprise de l'amour*
□ *e - La Famille Adams*

3 En 1742, Marivaux est élu à l'Académie française, de préférence à un autre auteur célèbre. Qui est cet auteur ?

□ *a* - Voltaire
□ *b* - Decaux
□ c - Rousseau

* Les réponses et commentaires sont en p. 238.

4 Jean-Jacques Rousseau a écrit pour la scène. Qu'a-t-il composé ?

□ *a* - Une comédie
□ *b* - Un opéra
□ *c* - Une tragédie

5 A la fin du XVIIIe siècle, deux pièces de Beaumarchais se distinguent des autres productions littéraires. Retrouver leur titre dans la liste suivante :

□ *a - Le Paysan parvenu*
□ *b - L'Ile aux esclaves*
□ *c - Le Barbier de Séville*
□ *d - L'Inconstance de Figaro*
□ *e - Le Mariage impossible*
□ *f - Le Barbier de Belleville*
□ *g - Le Mariage de Figaro*
□ *h - L'Amour naissant*
□ *i - L'article du Figaro*
□ *j - L'exposition de Séville*

6 Ces pièces de Beaumarchais mettent en scène, toutes deux, les aventures d'un grand seigneur, le comte Almaviva, et de Figaro. Quelle fonction ce dernier exerce-t-il ?

□ *a* - Jardinier du comte
□ *b* - Avocat du comte
□ *c* - Valet du comte

7 Ces pièces sont aussi des critiques politiques et sociales. Beaumarchais y dénonce, notamment, l'injustice des grands seigneurs. Dans l'une des deux pièces évoquées, que reproche Figaro au comte Almaviva ?

□ *a* - De vouloir punir tout un village pour la faute d'un seul de ses habitants.
□ *b* - De vouloir écraser d'impôts ses sujets pour mener une grande vie.
□ *c* - De vouloir abuser de son pouvoir pour forcer la fiancée de Figaro à céder à ses avances.

8 Comprenant déjà de nombreux passages musicaux, l'une des deux plus célèbres pièces de Beaumarchais attire l'attention de Mozart, qui en fait un opéra. Quel est cet opéra ?

□ *a - L'Enlèvement au sérail*

□ *b - Les Noces de Figaro*
□ *c - L'Inconstance de Figaro*

9 L'autre de ces pièces est adaptée en « opéra-bouffe », au XIXᵉ siècle, par Rossini, en 1816. Quel est le titre de cet opéra ?

□ *a - Le Paysan parvenu*
□ *b - Le Valet de Séville*
□ *c - Le Barbier de Séville*

10 A l'image de son personnage, Figaro, Beaumarchais a eu une vie mouvementée et a exercé plusieurs métiers. L'un d'eux est inattendu. Beaumarchais fut :

□ *a* - Agent secret du roi
□ *b* - Menuisier fournisseur du roi
□ c - Rédacteur de textes pour le compte de Voltaire

C Le roman au XVIIIe siècle*

A l'inverse du théâtre, le roman, au XVIIIe siècle, est en plein essor.

1 Le genre romanesque se développe, d'abord, avec le roman d'apprentissage. Ce type de roman montre comment le héros, au fil de ses expériences, apprend à juger la vie et les hommes. Quel roman célèbre de ce genre publia l'abbé Prévost, en 1733 ?

□ *a - L'Histoire du Chevalier des Grieux et de Manon Lescaut*
□ *b - L'Histoire d'un jeune noble à la découverte du monde*
□ *c - L'Histoire d'un abbé dégoûté de l'Eglise*

2 Les aventures vécues par le héros de Prévost se déroulent en partie dans un cadre étranger, selon la mode du temps. Où Prévost entraîne-t-il son héros ?

□ *a* - En Europe du Nord
□ *b* - En Afrique
□ *c* - Aux Amériques

* Les réponses et commentaires sont en p. 239.

3 On retrouve l'exotisme dans un court roman de Bernardin de Saint-Pierre. Cette œuvre raconte l'amour malheureux de deux jeunes gens ayant grandi ensemble sur l'île Maurice. Comment s'appelle cette œuvre ?

☐ *a - Tristan et Iseult*
☐ *b - Bernard et Bianca*
☐ *c - Paul et Virginie*

4 Diderot a écrit un roman qui raconte les aventures vécues par un valet et son maître au cours d'un voyage. Quelle est cette œuvre ?

☐ *a - Jacques le Fataliste et son maître*
☐ *b - Jacques, valet habile*
☐ *c - Jacques, son cheval et son maître*

5 Ce roman de Diderot est original par sa composition. La fin de l'œuvre, en particulier, est inattendue. Pourquoi ?

☐ *a* - Diderot laisse son roman inachevé
☐ *b* - Diderot propose à son lecteur trois fins possibles à l'histoire
☐ *c* - Diderot écrit une fin sans rapport avec l'histoire racontée.

6 Rousseau développe un genre particulier de roman, le roman épistolaire. Publié en 1761, son roman est un échange de correspondance entre Saint-Preux et Julie d'Etanges. Comment s'appelle ce roman ?

☐ *a - Les Lettres indiscrètes*
☐ *b - Les Lettres amoureuses*
☐ *c - La Nouvelle Héloïse*

7 Le roman de Rousseau est empli de mélancolie et de désespoir, car les héros vivent un amour impossible. L'œuvre préfigure, ainsi, ce qui deviendra, au XIXe siècle, le thème central d'un courant littéraire. Quel est ce courant ?

☐ *a* - Le naturalisme
☐ *b* - Le romantisme
☐ *c* - Le mélancolisme

8 A la fin du XVIIIe siècle paraît un autre roman épistolaire, qui obtient un succès de scandale : *Les Liaisons dangereuses*. Qui en est l'auteur ?

□ *a* - Pierre Choderlos de Laclos
□ *b* - Pierre-Augustin Caron
□ *c* - Pierre-Auguste de Merteuil

9 Rien ne prédestinait l'auteur des *Liaisons dangereuses* à écrire avec succès. Militaire de formation, quel grade était le sien au moment de la parution de son roman ?

□ *a* - Capitaine de vaisseau
□ *b* - Capitaine d'artillerie
□ *c* - Capitaine de cavalerie

10 Le héros des *Liaisons dangereuses* est un séducteur cynique. Comment s'appelle-t-il ?

□ *a* - Le vicomte de Valmont
□ *b* - Le vicomte de Germont
□ *c* - Le vicomte de Mermont

8. Le XIXe siècle

Le XIXe siècle apparaît comme une époque riche, où demeurent un temps, quelques aspects de l'Ancien Régime, où se réalisent nombre d'espoirs du siècle des Lumières, où s'esquissent les caractères les plus modernes du XXe siècle.

C'est une période qui voit se succéder une demi-douzaine de régimes politiques, mais qui voit aussi s'enraciner progressivement dans les esprits l'idée de démocratie et l'idée de Nation.

C'est une période, encore, marquée par un grand essor industriel et un développement considérable des inventions comme des techniques : machine à vapeur, chemin de fer, téléphone, cinéma, avion... La science prend de l'importance, avec les avancées de la médecine ou les découvertes sur la radio-activité. On croit que l'homme va se rendre maître de la nature et profiter des bienfaits nés du progrès. Les arts manifestent ce dynamisme.

Toute la première moitié du XIXe siècle est dominée par le mouvement romantique, largement européen. Les artistes expriment leur individualité avec passion et conviction. Leur sensibilité solitaire trouve une amie complice dans la Nature. Leur désir de changement, leurs réflexions sur la société les poussent à s'intéresser à l'histoire. En littérature, la poésie, délaissée au XVIIIe siècle, connaît un nouvel essor.

Ses techniques d'expression, multiples et suggestives, permettent aux Romantiques de peindre avec nuances leurs sentiments et leurs rêves. De la même façon, le roman s'affirme, avec le romantisme, comme un genre littéraire à part entière. Il peut être roman autobiographique ou personnel, telles certaines œuvres de Chateaubriand. Il peut dépeindre la société, comme les romans de Balzac ou Stendhal. Il peut s'appuyer sur un cadre historique, comme les créations d'Alfred de Vigny, Victor Hugo ou Alexandre Dumas.

Mais, toujours, l'écrivain y représente sa vision des événements, son interprétation du monde.

Quant au genre théâtral, au début du siècle, il semble renaître. Les Romantiques choisissent une forme de dramaturgie nouvelle, qui refuse les traditions : le drame.
Victor Hugo affirme sa volonté de créer un théâtre exprimant la totalité et la vérité de la vie.
Ses premières pièces, comme celles d'Alfred de Vigny ou d'Alexandre Dumas, remportent un vif succès.
Pourtant, rapidement, le drame romantique tourne court et n'est plus apprécié. Dès les années 1850, le théâtre revient essentiellement à des comédies traditionnelles, à des comédies burlesques, ou à des comédies « à thèse », qui développent des sujets moralisateurs.
C'est que le romantisme a laissé place à un réalisme certain. Dans la deuxième moitié du XIXe siècle, la science est devenue une sorte de religion nouvelle.
Le positivisme, le scientisme diffusent, dans la société, un attrait pour le réel et la matière, qui gagne les arts.
Si Stendhal ou Balzac, déjà, aimaient ancrer leurs romans dans la réalité sociale, le réalisme s'impose au genre romanesque avec les œuvres de Flaubert et leurs descriptions, qui se veulent tableaux du réel. A la fin du siècle, encore, Emile Zola affirme que le roman doit rivaliser avec la science, c'est-à-dire étudier la nature en procédant par observation et expérimentation.
Ce naturalisme se réfère à des travaux scientifiques.
Mais, tandis que la réalité domine le genre romanesque de la fin du XIXe siècle, la poésie est le lieu des oppositions au matérialisme ambiant.
Baudelaire d'abord, les poètes symbolistes ensuite contestent l'idée que le réel puisse se réduire à des relations de cause à effet toujours explicables.
Leurs textes imagés expriment une vision plus complexe, parfois plus folle, du monde, où le réel est sans cesse en contact avec une autre réalité cachée.
Ces poètes de la deuxième moitié du XIXe siècle tracent ainsi la voie à leurs successeurs qui, au XXe siècle, s'attacheront à la surréalité.
Nous vous présenterons successivement les romans, la poésie et le théâtre du XIXe siècle.

A Les romans du XIXe siècle*

1 Publié en 1801, le roman *Atala* eut un grand succès. Il marque l'entrée dans le monde littéraire de son auteur. Né à Saint-Malo, cet écrivain se rend célèbre, en 1802, par son *Génie du christianisme* (pour son style, cet écrivain fut le modèle de Victor Hugo). Qui est-il ?

□ *a* - Balzac
□ *b* - Chateaubriand
□ *c* - L'abbé Mouret

2 Victor Hugo écrivit de nombreux romans. Dans la liste suivante, retrouver le titre de certains de ses ouvrages :

□ *a* - *Les Chouans*
□ *b* - *Notre-Dame de Paris*
□ *c* - *Les Mystères de Paris*
□ *d* - *Les Misérables*
□ *e* - *Quatre-vingt-treize*
□ *f* - *La Tulipe noire*
□ *g* - *L'Homme qui rit*
□ *h* - *Le Bossu*

3 Le roman le plus connu de Victor Hugo raconte l'histoire d'un ancien forçat évadé, devenu honorable industriel, reconnu, un jour, par un policier. Comment s'appelle l'ancien forçat ?

□ *a* - Jean Valjean
□ *b* - Jacques Valjean
□ *c* - Jean Bompère

4 Dans ce même roman, Victor Hugo invente un personnage d'enfant qui restera célèbre. L'enfant symbolise, en effet, le peuple innocent, massacré par les soldats, alors qu'il réclamait la liberté. Comment s'appelle cet enfant, qui meurt sur une barricade ?

□ *a* - Cosette
□ *b* - Rémi
□ *c* - Gavroche

5 Balzac fait, dans ses romans, la peinture de la société de son temps. Combien d'ouvrages l'ensemble de son œuvre comporte-t-il ?

□ *a* - Environ dix
□ *b* - Environ vingt

* Les réponses et commentaires sont en p. 241.

□ c - Environ trente
□ d - Environ cinquante
□ e - Environ soixante
□ f - Environ quatre-vingt-dix

6 L'un de ces romans fait apparaître, pour la première fois, le personnage d'un jeune noble pauvre, qui veut conquérir Paris. Le jeune héros rencontre un vieil homme et un bagnard en fuite. Comment s'intitule le roman ?

□ a - *Le Ventre de Paris*
□ b - *Le Père Goriot*
□ c - *Les Illusions perdues*

7 La peinture de la société se trouve aussi au centre des romans de Stendhal. *Le Rouge et le Noir* évoque, dans son titre même, les destinées qui peuvent s'offrir à un jeune ambitieux. Que symbolisent « Le Rouge » et « le Noir » ?

□ a - La carrière diplomatique et la carrière de l'enseignement
□ b - La carrière militaire et la carrière ecclésiastique
□ c - La carrière politique et la carrière médicale

8 Comment se nomme le héros du roman *Le Rouge et le Noir* ?

□ a - Louis Lambert
□ b - Lucien Leuwen
□ c - Julien Sorel

9 En 1857, Flaubert publie un roman qui raconte l'existence d'une femme trop rêveuse. Déçue par la vie, elle s'empoisonne à l'arsenic. Quel est ce roman ?

□ a - *Madame Bovary*
□ b - *Madame Charivari*
□ c - *Madame Dubarry*

10 Les œuvres d'Emile Zola dominent la fin du XIXe siècle. Romancier, Zola est aussi journaliste et ses articles ne sont pas toujours bien reçus. L'écrivain fut insulté, en particulier à cause de ses origines étrangères. Quelles sont-elles ?

□ a - Espagnoles

□ *b* - Italiennes
□ c - Portugaises

B La poésie du XIXe siècle*

La poésie connaît en ce siècle, un essor remarquable, d'abord avec les Romantiques et leurs héritiers, puis avec le symbolisme.

1 Les poètes suivants sont appelés « romantiques » par la tradition. Retrouver pour chacun d'eux le titre de son recueil poétique principal :

□ *a* - Lamartine	□ *1 - Les Chimères*
□ *b* - Musset	□ *2 - Méditations poétiques*
□ c - Vigny	□ *3 - Les Nuits*
□ *d* - Nerval	□ *4 - Les Destinées*

2 La poésie romantique peint les états d'âme du poète. Souvent déçu par la vie, ce dernier trouve dans une saison de la nature l'écho de sa mélancolie. Quelle est cette saison ?

□ *a* - L'été
□ *b* - L'automne
□ c - L'hiver

3 Les poètes romantiques, pourtant, ne sont pas de doux rêveurs. Désirant voir la société changer, ils sont militants, s'engagent en politique. Parmi les poètes suivants, quels sont ceux qui ont exercé des charges publiques ?

□ *a* - Musset
□ *b* - Lamartine
□ c - Hugo
□ *d* - Vigny

4 Parmi les recueils poétiques suivants, quels sont ceux qui n'ont pas été composés par Hugo ?

□ *a* - *Les Contemplations*

* Les réponses et commentaires sont en p. 242.

□ *b* - *La Légende des siècles*
□ *c* - *Poèmes d'un proscrit*
□ *d* - *Révolution*

5 Gérard de Nerval est un écrivain à part, à la poésie parfois hermétique. Il puise son inspiration dans certains délires violents qu'il subit. A quoi sont dus ces délires ?

□ *a* - A l'alcool
□ *b* - A la drogue
□ *c* - A une maladie mentale

6 En 1857, Charles Baudelaire fait paraître un recueil de poèmes dédié « à son très cher et vénéré maître et ami, Théophile Gautier ». Comment s'appelle ce recueil ?

□ *a* - *Les Fleurs du Mal*
□ *b* - *Le Mal des Fleurs*
□ *c* - *Les Fleurs maladives*

7 La publication de ce recueil fut un échec. Que se passa-t-il ?

□ *a* - Le livre fut interdit et Baudelaire emprisonné
□ *b* - Le livre ne se vendit pas et Baudelaire fut ruiné
□ *c* - Le livre fut condamné pour immoralité et largement censuré

8 Dans la deuxième moitié du XIXe siècle, un poète se fait connaître par sa vie dissolue et ses écrits d'une puissance fascinante. Voyageur infatigable, il parcourt l'Europe, l'Arabie, l'Afrique. Qui est-ce ?

□ *a* - Leconte de Lisle
□ *b* - Rimbaud
□ *c* - Verlaine

9 La poésie d'Arthur Rimbaud se distingue par sa révolte et ses provocations. Un choix inattendu marque la « carrière » poétique de Rimbaud. Lequel ?

□ *a* - Rimbaud choisit très tôt de garder le silence, sans plus écrire.

□ *b* - Rimbaud choisit de publier toutes ses œuvres à l'étranger.
□ *c* - Rimbaud choisit d'abandonner la poésie pour écrire des contes pour enfants.

10 Quel poète de la seconde moitié du XIXe siècle, exige, pour la poésie,

« De la musique avant toute chose
(...)
De la musique encore et toujours ! »

□ *a* - Rimbaud
□ *b* - Mallarmé
□ *c* - Verlaine

C Le théâtre du XIXe siècle*

Il est dominé par le théâtre romantique du début du siècle.

1 A quoi le théâtre romantique veut-il s'opposer ?

□ *a* - Au théâtre antique
□ *b* - Au théâtre chinois
□ *c* - Au théâtre classique

2 Au nom de quoi le théâtre romantique revendique-t-il sa valeur ?

□ *a* - Au nom de la modernité
□ *b* - Au nom de la liberté de création
□ *c* - Au nom de la culture populaire

3 En 1830, Victor Hugo crée une pièce qui bouscule les traditions et provoque un scandale. Comment s'intitule cette pièce ?

□ *a* - *Provocations*
□ *b* - *Hernani*
□ *c* - *Dom Juan*

* Les réponses et commentaires sont en p. 243.

4 En 1838, Victor Hugo crée une pièce où le héros, valet d'un Grand d'Espagne, est amoureux de la reine et accepte, pour l'approcher, de participer à un complot. Quelle est cette pièce ?

□ *a - Ruy Blas*
□ *b - Lucrèce Borgia*
□ *c - Don Salluste*

5 Cette même pièce fut, en 1971, adaptée à l'écran par Gérard Oury. Comment s'appelle le film ainsi réalisé ?

□ *a - Ruy Blas*
□ *b - Don Salluste*
□ *c - La Folie des Grandeurs*

6 En 1834, Alfred de Musset publie une pièce de théâtre, qui se déroule à Florence en 1537, à la cour d'Alexandre de Médicis. Quel est le titre de cette œuvre ?

□ *a - Lorenzaccio*
□ *b - Alexandre*
□ *c - Les rues de Florence*

7 Le héros de cette pièce est un jeune homme dévergondé. Il affirme avoir adopté ce mode de vie dissolue pour gagner la confiance du duc Alexandre, lui-même débauché. Quel est le projet du héros ?

□ *a* - S'attirer les faveurs du duc et devenir son bras droit.
□ *b* - Assassiner le duc et libérer Florence de la tyrannie.
□ *c* - Assassiner le duc et prendre sa place au pouvoir.

8 La fin du XIXe siècle voit une nouvelle remise en question des traditions théâtrales. En 1896, Alfred Jarry donne une pièce parodiant le théâtre romantique. Le « héros » est un être ignoble, vantard, obèse, au vocabulaire grossier. Comment s'appelle-t-il ?

□ *a* - Ubu
□ *b* - Imbu
□ *c* - Toubu
□ *d* - Babu
□ *e* - Crabu
□ *f* - Dodu

9 A côté de ce théâtre de la dérision, se développe un théâtre d'une inspiration spirituelle, voire mystique, comme celui de Paul Claudel. Cet écrivain était aussi un haut fonctionnaire. Qu'était-il ?

□ *a* - Préfet
□ *b* - Conseiller d'Etat
□ *c* - Ambassadeur de France

10 Claudel a écrit sa première pièce, *Tête d'or*, à l'âge de 20 ans. Il n'est pas le seul artiste de sa famille. Sa sœur, Camille, exerça aussi un art. Lequel ?

□ *a* - La peinture
□ *b* - La sculpture
□ *c* - L'architecture
□ *d* - La musique

9. Le XXe siècle

Le siècle s'ouvre avec la « Belle Epoque ». Alors que le théâtre présente des pièces satiriques, comme les comédies de boulevard, et des pièces profondément mystiques, comme les créations de Claudel, le genre romanesque est marqué par la parution d'*A la Recherche du Temps Perdu*, œuvre où l'auteur rapporte la naissance et l'enracinement d'une vocation.

En poésie, Guillaume Apollinaire renouvelle des thèmes classiques par sa sensibilité propre et une forme moderne.

Le XXe siècle, pourtant, commence réellement après la Première guerre mondiale, qui constitue une coupure franche.

L'idée de progrès prend, dans la société, la première place. La France de l'après-guerre est industrielle, tournée vers l'avenir et le développement. La mécanisation s'affirme. Automobiles, radios, chemins de fer se multiplient.

Pourtant, la Première guerre mondiale marque aussi l'effondrement des valeurs traditionnelles. La morale établie, la prédominance de la science et de la logique sont contestées : Radiguet, avec son roman *Le Diable au corps*, choque le public ; les surréalistes, eux, sont jugés comme des déments. Mais l'inhumanité de la guerre pousse les artistes à critiquer les fondements de la société. Ils réfléchissent également sur le comportement humain, s'interrogent sur le rôle que doit jouer l'intellectuel dans son époque.

Poésie, roman, théâtre sont, en littérature, le support de ces réactions. Les écrits foisonnent.

La Seconde guerre mondiale vient, à son tour, bouleverser le paysage littéraire.

Certains écrivains disparaissent, en mission, comme Antoine de Saint-Exupéry, ou en déportation, comme le poète Robert Desnos.

Le conflit divise les intellectuels en deux camps : celui des écrivains collaborateurs et celui des écrivains engagés dans la Résistance.

Ces derniers, après la guerre, occupent une place dominante dans la littérature, tels Aragon ou Jean-Paul Sartre. Ils ont une influence certaine sur la société et les courants de pensée qu'on y trouve.
Le lendemain du conflit est aussi marqué par l'internationalisation des échanges. Les idées suivent ce mouvement. Le public devient plus attentif aux écrivains qui revendiquent, parfois depuis longtemps, plus de libertés, voire l'indépendance, pour les peuples colonisés. La littérature en langue française est aussi la littérature francophone du Maghreb, de l'Afrique Noire et des Antilles.
Mais la violence de la Seconde guerre mondiale conduit une fois encore les intellectuels à s'interroger sur les valeurs humaines.
Et se développe, dans les écrits, un thème important : celui de l'absurdité du monde.
Les romans de Jean-Paul Sartre, en particulier, ou encore ceux d'Albert Camus s'attachent à l'idée que l'existence est absurde, sans cause et sans nécessité.
Au théâtre, certains auteurs dénoncent l'absurdité des règles sociales, ou, comme Samuel Beckett, l'absurdité de la vie humaine, dépourvue de sens.
Selon le même effet de remise en cause, le genre romanesque lui-même, avec ses personnages, son cadre, son intrigue établis, est contesté par les nouveaux romanciers.
Ainsi, toute la littérature du XXe siècle est caractérisée par une interrogation angoissée sur l'existence de l'homme, la valeur de ses actes et même de son langage.
Aujourd'hui, cette interrogation prend de multiples formes : poésie, théâtre, romans « littéraires », mais aussi romans policiers ou romans de science-fiction, qui peuvent être de graves réflexions sur notre monde.
Ces formes multiples font la richesse de la littérature.
Nous vous présenterons successivement la poésie, le théâtre et le roman du XXe siècle.

A La poésie du XXe siècle*

Elle reste marquée par l'influence des poèmes de Guillaume Apollinaire, qui inspirent, d'abord, les surréalistes.

1 Comment s'intitule le recueil de poèmes le plus connu d'Apollinaire, publié en 1913 ?

□ *a - Amours*
□ *b - Alcools*
□ *c - Attentes*

2 Apollinaire est l'un des premiers poètes à refuser systématiquement de respecter certaines règles fondamentales de la langue française. De quelles règles s'agit-il ?

□ *a* - Les règles de la ponctuation
□ *b* - Les règles de l'orthographe
□ *c* - Les règles de la syntaxe

3 Parmi ces poèmes, quel est celui qui n'a pas été écrit par Apollinaire ?

□ *a - La Chanson du Mal-Aimé*
□ *b - Le Pont Mirabeau*
□ *c - Mon Rêve familier*

4 Les poètes surréalistes s'inspirèrent de l'art d'Apollinaire, qui transformait la réalité à travers ses images. Le surréalisme est le mouvement artistique qui cherche à exprimer la surréalité. Mais qu'est-ce que la surréalité ?

□ *a* - La réalité que l'on perçoit tous les jours
□ *b* - La réalité qui existe au-delà de ce que l'on perçoit tous les jours
□ *c* - La réalité qui existe dans les rêves

5 Quel poète fut longtemps la figure essentielle du surréalisme ?

□ *a* - André Breton

* Les réponses et commentaires sont en p. 244.

□ *b* - André Citroën
□ *c* - André Malraux

6 Parmi les poètes suivants, quels sont ceux qui appartinrent au mouvement surréaliste?

□ *a* - Théophile Gautier
□ *b* - Philippe Soupault
□ *c* - Robert Desnos
□ *d* - Paul Eluard
□ *e* - Louis Aragon
□ *f* - Saint-John Perse

7 Lequel de ces poètes a écrit le vers resté célèbre « La Terre est bleue comme une orange » ?

□ *a* - André Breton
□ *b* - Paul Eluard
□ *c* - Saint-John Perse

8 Après la Deuxième guerre mondiale, un poète s'inspire du surréalisme. Ingénieur sorti de l'Ecole Centrale, trompettiste de talent, littérateur ingénieux, il écrit des textes qui deviendront de célèbres chansons. Qui est ce poète ?

□ *a* - Jacques Prévert
□ *b* - Raymond Queneau
□ *c* - Boris Vian

9 La poésie est aussi l'un des genres préférés des intellectuels africains pour revendiquer ce qu'ils appellent leur « négritude » (valeurs culturelles du monde noir). L'un de ces intellectuels chante, dans ses poèmes, la beauté de son pays natal. Il fut aussi le premier président de la République du Sénégal. Qui est-ce ?

□ *a* - Léopold Sédar Senghor
□ *b* - Aimé Césaire
□ *c* - Félix Houphouët-Boigny

10 Un autre de ces intellectuels engagés compose des poèmes plus violents. Lui aussi homme public, il fut député de la Martinique et il est resté longtemps maire de Fort-de-France. Est-ce :

□ *a* - Léopold Sedar Senghor

□ *b* - Aimé Césaire
□ *c* - Félix Houphouët-Boigny

B Le théâtre du XXe siècle*

Le théâtre s'oriente vers la dérision et la remise en question de l'existence.

1 A « la Belle Epoque » (début du siècle), quelques dramaturges écrivent des comédies de boulevard raillant les défauts de leurs contemporains. Retrouver certains de ces auteurs dans la liste suivante :

□ *a* - Georges Courteline
□ *b* - Antonin Artaud
□ *c* - Georges Feydeau
□ *d* - Henri Lerailleur

2 En 1935, Jean Giraudoux a essayé, à travers une pièce de théâtre, d'alerter l'opinion publique devant la menace croissante d'une guerre en Europe. Quelle œuvre créa-t-il ?

□ *a* - *La Guerre de Troie plaira aux dieux*
□ *b* - *Guerre et Paix*
□ *c* - *La Guerre de Troie n'aura pas lieu*

3 Jean Anouilh reprend, à la scène, une légende antique : une jeune fille refuse, par devoir religieux, d'obéir au pouvoir du roi et meurt pour ses idées. Comment se nomme-t-elle ?

□ *a* - Antigone
□ *b* - Electre
□ *c* - Marianne

4 En 1944, Jean-Paul Sartre crée une pièce où il réfléchit sur l'existence humaine : trois âmes se retrouvent enfermées dans une salle pour l'éternité, à se juger et se torturer les unes les autres au sujet de leur passé. Comment s'appelle cette œuvre ?

□ *a* - *Le Paradis*

* Les réponses et commentaires sont en p. 245.

☐ *b - Huis Clos*
☐ *c - L'Enfer*

5 Après la Deuxième guerre mondiale et les massacres auxquels elle a donné lieu, le thème de l'absurde domine les créations théâtrales. L'un des auteurs les plus connus du « théâtre de l'absurde » est d'origine roumaine. Il a passé une très grande partie de sa vie en France. Qui est-ce ?

☐ *a* - Eugène Ionesco
☐ *b* - Vladimir Nabokov
☐ *c* - Eugène Illiescu

6 La première pièce de cet auteur souligne, sur le mode comique, l'insignifiance et l'absurdité des conversations de salon, où l'on parle souvent pour ne rien dire. Quel est le titre de cette pièce, qui se passe dans une maison anglaise ?

☐ *a - Les mots creux*
☐ *b - Conversations britanniques*
☐ *c - La Cantatrice chauve*

7 La seconde pièce de cet auteur, donnée en 1951, met en scène un professeur et sa jeune élève. Excédé par les réponses de l'adolescente, le professeur finit par la tuer. Comment s'intitule la pièce ?

☐ *a - La Leçon*
☐ *b - Un Professeur pédagogue*
☐ *c - Une élève peu douée*

8 Une autre figure du « théâtre de l'absurde » est Samuel Beckett. Il est, lui aussi, d'origine étrangère. Quelle est sa nationalité ?

☐ *a* - Allemande
☐ *b* - Irlandaise
☐ *c* - Suédoise

9 L'œuvre théâtrale la plus connue de Beckett met en scène deux vagabonds à l'existence végétative, qui semblent espérer la venue de quelqu'un. Quel est le titre de cette pièce ?

☐ *a - La journée de deux cloches*

□ *b* - *Quelle heure est-il ?*
□ c - *En attendant Godot*

10 Parmi les noms suivants, retrouver ceux de metteurs en scène contemporains de théâtre :

□ *a* - Antoine Vitez
□ *b* - Jean-Baptiste Poquelin
□ c - Patrice Chéreau
□ *d*- Roger Planchon
□ *e*- Jean-Luc Godard

C Le roman au XXe siècle*

1 Au début du siècle, un roman, *A la recherche du temps perdu*, raconte l'histoire d'une époque et l'histoire d'une personnalité en quête d'elle-même. Qui est l'auteur de ce roman ?

□ *a* - Alain Prost
□ *b* - Marcel Proust
□ c - Julien Prast

2 Un roman, *Le Nœud de Vipères*, dépeint la vie d'un homme avare, mais harcelé de remords. La parution de ce roman a fait connaître son auteur au public, en 1932. Qui est cet écrivain ?

□ *a* - François Mauriac
□ *b* - Albert Camus
□ c - Thérèse Desqueyroux

3 Antoine de Saint-Exupéry a écrit des romans proches de documentaires : ses livres racontent l'aventure dangereuse et exaltante menée par certains héros exerçant le même métier que l'écrivain. Quel était le métier de Saint-Exupéry ?

□ *a* - Marin de combat
□ *b* - Pilote de course
□ c - Pilote d'avion

* Les réponses et commentaires sont en p. 246.

4 Parmi les œuvres suivantes, quelle est celle que Saint-Exupéry n'a pas écrite ?

□ *a* - *Vol de nuit*
□ *b* - *Le Petit Prince*
□ c - *Courrier Nord*
□ *d* - *Courrier Sud*

5 *L'Etranger* est le premier roman d'un écrivain né en Algérie en 1913. Qui est-ce ?

□ *a* - Jean-Paul Sartre
□ *b* - Albert Camus
□ c - André Malraux

6 Après la Deuxième guerre mondiale, apparaît le courant littéraire du « nouveau roman ». Les écrivains « nouveaux romanciers » refusent le roman de type balzacien, avec une histoire pourvue d'un début et d'une fin, des personnages dotés d'un état civil. Alain Robbe-Grillet crée une œuvre exposant d'un ton neutre et froid les gestes d'une femme anonyme surveillée par son mari. Quelle est cette œuvre ?

□ *a* - *Elle*
□ *b* - *Un couple*
□ c - *La Jalousie*

7 Voici une liste d'auteurs contemporains qui ont été primés. Associer à chacun d'eux le prix qu'il a reçu :

□ *a* - Patrick Modiano	□ *1* - Prix Goncourt 1985
□ *b* - J.M.G. Le Clézio	□ 2 - Prix Goncourt 1978
□ c - Yann Queffélec	□ 3 - Prix Goncourt 1987
□ *d* - Tahar Ben Jelloun	□ 4 - Prix Renaudot 1963

8 Le roman policier aussi se développe au XXe siècle. Au début du siècle, il est surtout dominé par les œuvres de Maurice Leblanc. Ce dernier est le créateur d'un héros célèbre, cambrioleur, mais homme du monde. De qui s'agit-il ?

□ *a* - Arsène Lupin

□ *b* - Rouletabille
□ *c* - François Vidocq

9 Par la suite, le roman policier « moderne » privilégie aussi bien l'énigme à résoudre que l'atmosphère du cadre et la psychologie des personnages. Maigret est sans doute le commissaire héros de roman le plus connu en France. Qui est son créateur ?

□ *a* - Agatha Christie
□ *b* - Georges Simenon
□ *c* - Hercule Poirot

10 Le roman de science-fiction est resté, en France, le parent pauvre de la littérature romanesque. Pourtant, certains écrivains s'y sont adonnés. Les retrouver dans la liste suivante :

□ *a* - Pierre Boulle
□ *b* - Patrick Modiano
□ *c* - Henri Satel
□ *d* - Jean Pass
□ *e* - René Barjavel
□ *f* - Oscar Technik

Deuxième partie

Le monde actuel

Après quelques généralités sur le monde actuel, vous trouverez traités les six continents :

Europe
Amérique
Afrique
Asie
Océanie
Antarctique.

Bien entendu, vous trouverez aussi des questions sur les principaux pays qu'il vous faut connaître et des notices explicatives dans la troisième partie avec les réponses et commentaires.
Les questions sont évidemment très variées. Elles portent notamment sur les principaux éléments suivants :

– les chiffres-clés, superficie et population ;
– les données fondamentales de la géographie physique (les fleuves, mers et montagnes...) ;
– les ensembles géopolitiques, les Etats et leurs capitales.

Quelques éléments d'histoire et d'actualité ont également été insérés. En vous faisant effectuer un « tour du monde » complet, l'ensemble vous permettra une bonne révision de vos connaissances en géographie, et vous aidera à réfléchir sur tous les grands problèmes de l'actualité internationale.

Les connaissances en géographie n'étaient exigées naguère que des candidats aux concours de l'Administration des Postes. De nos jours, même si la géographie n'est pas une discipline dominante dans l'enseignement, elle constitue une base essentielle de la culture générale et devient une composante importante de la culture d'entreprise.
Il faut donc profiter de ce « tour du monde » pour l'adapter à vos divers objectifs et préoccupations professionnelles :

– par principe, la culture générale en elle-même ;
– pour les fonctionnaires, la connaissance de nos partenaires internationaux ;
– pour les candidats aux grandes écoles et cadres des entreprises, la connaissance de nos partenaires commerciaux, et la capacité de dialogue avec nos interlocuteurs de tous pays.

Les Français ont tendance à s'attendre à ce que notre pays soit bien connu non seulement de tous nos visiteurs, touristes ou commerciaux, mais encore de tous les citoyens de tous pays. Mais ont-ils fait eux-mêmes l'effort de bien connaître notre planète et tous les pays partenaires ?

C'est ce que vous pourrez vérifier, en ce qui vous concerne, grâce à ces questionnaires. Et bien entendu nous vous invitons à compléter vos connaissances chaque fois que vous aurez relevé des lacunes graves – ou mieux encore pour profiter de l'éveil de votre curiosité intellectuelle. Profitez bien de vos lectures quotidiennes, ou des moyens audiovisuels.
Notez les chiffres que vous trouvez chaque semaine dans la presse. Reportez-les sur ces pages, ou sur des fiches particulières.
Notez aussi les noms importants dans l'actualité, notamment ceux des chefs d'État les plus connus.

1. Les données géopolitiques fondamentales*

1 Superficie des terres émergées en millions de km² (arrondie à la dizaine de millions).

□ 20 millions de km²
□ 30
□ 40
□ 50
□ 150

NB : Pour vous mettre sur la voie, pensez aux grands pays que vous connaissez, et visualisez l'ensemble des continents.

2 Population, en milliards d'habitants

Actuelle	*Prévision pour 2025*
□ 1	□ 2
□ 2	□ 3
□ 3	□ 4
□ 4	□ 5
□ 6	□ 8 ou plus

NB : Ces chiffres sont très fréquemment cités dans la presse ou dans tous les grands débats actuels.

3 Voici la liste alphabétique des continents : Afrique, Amérique, Antarctique, Asie, Europe, Océanie.

Vous les classerez en fonction de leur superficie, puis de leur population.

4 Nombre d'Etats membres de l'Organisation des Nations-Unies (arrondi à la dizaine)

□ 50 □ 180
□ 80 □ 200
□ 100

* Les réponses et commentaires sont en p. 249.

2. Éléments de géographie humaine *

1 Combien d'hommes ont vécu sur la Terre depuis les origines de l'humanité ?

- □ 8 milliards
- □ 80 milliards
- □ 800 milliards
- □ 8 000 milliards
- □ 80 000 milliards

Pour vous mettre sur la voie, il faut penser à la fois au chiffre actuel et à l'histoire de l'humanité.

2 Population prévue pour l'an 2000

- □ 6 milliards
- □ 16 milliards
- □ 60 milliards

3 Population prévue pour l'an 2025

- □ 8 milliards
- □ 18 milliards
- □ 80 milliards

4 Taux d'accroissement annuel

France :	Monde :
□ 0,1 %	□ 0,8 %
□ 0,5 %	□ 1,5 %
□ 1 %	□ 8 %
□ 1,5 %	□ 18 %
□ 15 %	□ 25 %

NB : Ces chiffres s'expriment aussi souvent en « pour mille ». Attention à ne pas confondre !

* Les réponses et commentaires sont en p. 251.

5 Accroissement annuel du nombre des habitants

France : □ 25 000 □ 50 000 □ 100 000 □ 250 000 □ 500 000

Monde : □ 500 000 □ 1 million □ 25 millions □ 90 millions □ 150 millions

6 Densité = nombre d'habitants au km². (chiffres arrondis)

France : □ 10 □ 100 □ 500 □ 1 000 □ 10 000

Monde : □ 4 □ 40 □ 400 □ 4 000 □ 10 000

7 Espérance de vie (nombre d'années pouvant être atteint en moyenne, à compter de la naissance)

France : □ 56 □ 66 □ 70 □ 78 □ 86

Pays développés : □ 45 □ 55 □ 65 □ 75 □ 85

Autres : □ 40 □ 50 □ 60 □ 70 □ 80

8 Mortalité et natalité dans le monde

Nombre de décès dans l'année : □ 10 millions □ 20 millions □ 30 millions □ 40 millions □ 50 millions

Naissances : □ 80 millions □ 90 millions □ 100 millions □ 120 millions □ 140 millions

9 Proportion de la population urbaine

Monde : □ 25 % □ 40 % □ 45 % □ 50 % □ 60 %

Pays développés : □ 25 % □ 45 % □ 50 % □ 60 % □ 75 %

Autres : □ 25 % □ 30 % □ 40 % □ 60 % □ 75 %

10 Tranches d'âge

Cocher la proportion des moins de 15 ans et celle des plus de 65 ans

□ 3 %	□ 20 %
□ 5 %	□ 25 %
□ 6 %	□ 30 %
□ 8 %	□ 35 %
□ 10 %	□ 40 %
□ 15 %	

11 Superficie de l'Europe (de l'Atlantique à l'Oural) et de l'Union européenne (quinze Etats membres)
Chiffres arrondis au million de km²

□ 1 □ 2 □ 3 □ 4 □ 5 □ 6 □ 7 □ 8 □ 9 □ 10

12 Quelle est la population de l'Europe ?
Chiffres arrondis à la centaine de millions d'habitants

□ 1 □ 2 □ 3 □ 4 □ 5 □ 6 □ 7

13 Quelle est la population de l'Union européenne ?

□ 170 millions d'habitants	□ 220	□ 270
□ 320	□ 370	□ 420

Quelle est sa densité ?

□ 14 habitants au km²	□ 74	□ 114
□ 174	□ 214	□ 314

3. Les pays d'Europe *

Classification par ensembles géographiques

Les pays européens peuvent être classés, selon divers critères, en des ensembles qui se recoupent partiellement :

- □ Europe de l'ouest
- □ Europe du nord, ou Europe scandinave
- □ Europe centrale
- □ Europe spécifiquement germanique
- □ Europe latine
- □ Europe méditerranéenne
- □ Pays des Balkans
- □ Pays baltes
- □ Europe orientale

Attention : ces classifications n'ont pas de valeur absolue, et peuvent être fluctuantes.
Par exemple, du temps de la « guerre froide », on opposait « l'Europe de l'ouest » et « l'Europe de l'est », conçues de façon extensive et sur critères politiques, alors que sur le plan géographique ces notions sont plus restreintes et imprécises.
Voici maintenant, dans l'ordre alphabétique, la liste des pays à classer :

Albanie, Allemagne, Andorre, Autriche, Belgique, Biélorussie, Bosnie-Herzégovine, Bulgarie, Chypre, Croatie, Danemark, Espagne, Estonie, Finlande, France, Grande-Bretagne, Grèce, Hongrie, Irlande, Islande, Italie, Lettonie, Liechtenstein, Lituanie, Luxembourg, Macédoine, Malte, Moldavie, Monaco, Norvège, Pays-Bas, Pologne, Portugal, République tchèque, Roumanie, Russie, Saint-Marin, Serbie-Monténégro, Slovaquie, Slovénie, Suède, Suisse, Turquie, Ukraine, Vatican.

* Les réponses et commentaires sont en p. 253.

Voici maintenant la liste des capitales :

Amsterdam, Andorre-la-Vieille, Ankara, Athènes, Belgrade, Berlin, Berne, Bratislava, Bruxelles, Bucarest, Budapest, Chisinau, Copenhague, Dublin, Helsinki, Kiev, La Valette, Lisbonne, Ljubliana, Londres, Luxembourg, Madrid, Minsk, Moscou, Nicosie, Oslo, Paris, Prague, Reykjavik, Riga, Rome, Sarajevo, Skopjé, Sofia, Stockholm, Tallinn, Tirana, Vaduz, Varsovie, Vienne, Vilnius, Zagreb.

Essayez de trouver un classement rationnel par groupes géographiques, en attribuant à chaque pays sa capitale.

Autre exercice élémentaire

Comptez le nombre des pays et celui des capitales, puis expliquez la différence entre les deux chiffres.

A La Grande-Bretagne*

1 Superficie
Arrondie au millier de km²

- □ 44 000
- □ 144 000
- □ 244 000
- □ 444 000
- □ 544 000

Par rapport à la France

- □ Près du tiers
- □ Près de 1/2
- □ 3/4
- □ Egale
- □ Supérieure

2 Population
Arrondie au million

- □ 38
- □ 40
- □ 48
- □ 59
- □ 68

Par rapport à la France

- □ 2/3
- □ 3/4
- □ Légèrement inférieure
- □ Egale
- □ Supérieure

3 Classez les régions de Grande-Bretagne par ordre de superficie décroissante

- □ Angleterre
- □ Ecosse
- □ Galles
- □ Irlande du Nord

* Les réponses et commentaires sont en p. 255.

4 Quelles sont les plus grandes îles anglo-normandes ?

□ Aurigny
□ Channel Islands
□ Chausey
□ Guernesey
□ Jersey
□ Man
□ Sercq (Sark)

(Deux cases à cocher)

5 Chassez l'intrus... par rapport à l'Angleterre

□ Birmingham
□ Cambridge
□ Derby
□ Glasgow
□ Nottingham
□ Oxford

B Les pays du Benelux*

1 Quelle est l'origine de la naissance du BENELUX ?

□ La volonté commune proclamée de bien vivre (BENE), et dans le luxe...
□ La constitution d'une agence commune pour la distribution de la lumière (LUX)
□ Une convention d'union douanière datant de cinquante ans
□ La réunion des premières lettres des trois pays BElgique, NEderland, LUXembourg.

2 Trouvez la superficie de chacun des trois pays

□ 3 000 km²
□ 5 000
□ 10 000
□ 20 000
□ 30 000
□ 35 000
□ 37 000
□ 40 000
□ 45 000
□ 50 000
□ 70 000
□ 120 000
□ 250 000

Question complémentaire : quelle est la superficie globale ? Et sa proportion par rapport à celle de la France ?

□ 1/10ᵉ
□ 1/8ᵉ
□ 1/6ᵉ
□ 1/5ᵉ
□ 1/4
□ 1/3
□ 1/2

* Les réponses et commentaires sont en p. 256.

3 Trouvez la population de chacun des trois pays

- □ 300 000 habitants
- □ 400 000
- □ 500 000
- □ 5 millions
- □ 6 millions
- □ 8 millions
- □ 10 millions
- □ 12 millions
- □ 15 millions

Quelle est la population totale ?

- □ 15 millions
- □ 25 millions
- □ 20 millions

4 Quels sont les pays voisins de la Belgique ?

- □ Allemagne
- □ Autriche
- □ Danemark
- □ France
- □ Luxembourg
- □ Norvège
- □ Pays-Bas
- □ Suède
- □ Suisse

5 Quels sont les pays voisins des Pays-Bas ?

- □ Allemagne
- □ Autriche
- □ Belgique
- □ Danemark
- □ France
- □ Luxembourg
- □ Norvège
- □ Pologne
- □ Suède
- □ Suisse

6 Quels sont les pays voisins du Luxembourg ?

- □ Allemagne
- □ Autriche
- □ Belgique
- □ Danemark
- □ France
- □ Italie
- □ Pays-Bas
- □ Suisse

7 Chassez l'intrus... (un à l'est et un à l'ouest)

- □ Anvers
- □ Bruges
- □ Bruxelles
- □ Dunkerque
- □ Gand
- □ Liège
- □ Maastricht
- □ Mons
- □ Namur
- □ Nieuport
- □ Ostende
- □ Zeebrugge

8 Chassez l'intrus... (un à l'est et un à l'ouest)

- □ Amsterdam
- □ Bois-le-Duc
- □ Breda
- □ Flessingue
- □ Groningue
- □ La Haye
- □ Malines
- □ Munster
- □ Rotterdam
- □ Utrecht

9 Chassez l'intrus parmi ces ports ou stations balnéaires

- □ Amsterdam
- □ Anvers
- □ Knocke-le-Zoute
- □ Luxembourg
- □ Ostende
- □ Rotterdam
- □ Zeebruge

10 Chassez l'intrus... (un à l'est et un à l'ouest)

- □ Ems
- □ Escaut
- □ Lys
- □ Meuse
- □ Rhin
- □ Sambre
- □ Somme

11 Trouvez les points culminants de chacun des trois pays

□ 10 m □ 30 m □ 50 m □ 100 m □ 200 m □ 300 m
□ 320 m □ 400 m □ 560 m □ 700 m □ 800 m □ 1000 m
□ 1200 m □ 1300 m □ 1500 m

C Les pays Scandinaves*

Outre leurs affinités géographiques, ces pays ont en commun des liens historiques très anciens, une même religion dominante (réformée, luthérienne), une longue tradition démocratique.
Après avoir participé, avec la Grande-Bretagne à l'Association européenne de libre-échange (AELE), ces pays ont en majorité rejoint la Communauté européenne (le Danemark l'a fait en 1972, la Finlande et la Suède au 1er janvier 1995) ; mais l'Islande, beaucoup plus éloignée, restera isolée. La Norvège vient de refuser par referendum.

1 Classez les cinq pays dans un ordre croissant de superficie

□ Danemark □ 42 000 km²

* Les réponses et commentaires sont en p. 257.

□ Finlande	□ 100 000
□ Islande	□ 307 000
□ Norvège	□ 340 000
□ Suède	□ 412 000

2 Trouvez la population de chaque pays, et marquez son initiale. Indiquez aussi la population totale.

□ 200 000	□ 250 000	□ 500 000
□ 1 million	□ 1 500 000	□ 2 millions
□ 3 millions	□ 4 millions	□ 4 500 000
□ 5 millions	□ 7 millions	□ 9 millions
□ 12 millions	□ 15 millions	□ 20 millions
□ 24 millions	□ 30 millions	□ 40 millions

(chiffres à arrondir au million, le cas échéant).

3 Ces pays sont renommés pour leur bon niveau sportif. Indiquez à quel rang ils se situeraient si l'on fait le total des médailles obtenues aux Jeux Olympiques.

□ 1	□ 2	□ 3	□ 4	□ 5	□ 6
□ 7	□ 8	□ 9	□ 10	□ 11	□ 12

D L'Allemagne*

Après avoir été, pendant des siècles, « l'ennemie héréditaire », l'Allemagne est maintenant notre grande alliée, et notre partenaire quotidienne dans la construction de l'Union européenne.

1 Superficie

□ 157 000 km²	Proportion	□ 1/3
□ 257 000	par rapport	□ 1/2
□ 357 000	à la France	□ 2/3
□ 457 000		□ Egale
□ 657 000		□ Double

2 Population

□ 39 millions d'habitants
□ 49 millions d'habitants

* Les réponses et commentaires sont en p. 258.

□ 59 millions d'habitants
□ 69 millions d'habitants
□ 81 millions d'habitants

3 Etats limitrophes

Il vous faut les sélectionner, et les classer dans un ordre géographique rationnel.
Autriche, Belgique, Bulgarie, Danemark, Finlande, France, Luxembourg, Pays-Bas, Pologne, République tchèque, Roumanie, Russie, Slovaquie, Suisse, Turquie.

4 L'Allemagne est une République fédérale composée d'Etats dénommés Länder et de villes. Sélectionnez sur la liste ci-jointe ceux qui sont limitrophes de la France :

Bade-Wurtemberg, Basse-Saxe, Bavière, Berlin, Brandebourg, Brême, Hambourg, Hesse, Mecklenbourg-Poméranie, Rhénanie-Palatinat, Rhénanie-du Nord-Westphalie, Sarre, Saxe, Saxe-Anhalt, Schleswig-Holstein, Thuringe.

5 Chassez l'intrus (selon le statut)

□ Berlin □ Francfort
□ Brême □ Hambourg

6 Ces fleuves ont-ils leur source en Allemagne ?

□ Danube □ Elbe
□ Moselle □ Rhin

E Les pays d'Europe Centrale Germanique*

1 Retrouvez la superficie et la population de chacun des trois pays : Autriche, Liechtenstein et Suisse.

Superficie en km² : □ 60 □ 80 □ 120 □ 160
□ 20 000 □ 40 000 □ 60 000 □ 80 000 □ 100 000
(chiffre arrondi à la dizaine de milliers dans ces derniers cas).

* Les réponses et commentaires sont en p. 259.

Population : □ 10 000 □ 20 000 □ 30 000 □ 40 000
□ 5 millions □ 6 millions □ 7 millions □ 8 millions

2 Cochez les pays voisins de la Suisse, et classez-les si possible de l'ouest à l'est.

□ Allemagne □ Albanie □ Autriche □ Belgique
□ Croatie □ France □ Hongrie □ Italie
□ République tchèque □ Slovaquie □ Slovénie

3 Cochez les pays voisins du Liechtenstein

□ Allemagne □ Autriche □ Belgique □ Luxembourg
□ Italie □ Slovénie □ Suisse □ République tchèque

4 Cochez les pays voisins de l'Autriche

□ Albanie □ Allemagne □ Belgique □ France
□ Italie □ Hongrie □ Liechtenstein □ République tchèque
□ Roumanie □ Serbie □ Slovaquie □ Slovénie
□ Suisse □ Ukraine

5 Cochez les langues parlées en Suisse

□ Allemand □ Français □ Italien □ Romanche

6 Chassez l'intrus parmi ces lacs suisses

□ Bienne □ Constance □ Léman □ Lugano
□ Majeur □ Neuchâtel □ Neusiedl
□ Quatre cantons □ Zurich

7 Chassez l'intrus parmi ces fromages suisses

□ appenzell □ emmenthal □ fendant □ gruyère

F L'Espagne*

1 Superficie — Par rapport à la France

□ 255 000 km²	□ 1/2
□ 355 000 km²	□ Presqu'autant
□ 455 000 km²	□ Egale
□ 505 000	□ Plus grande
□ 555 000	□ Double

2 Population — Par rapport à la France

□ 10 millions	□ 1/3
□ 20	□ 1/2
□ 30	□ 2/3
□ 40	□ Egale
□ 50	□ Moitié plus

3 Distinguez les fleuves suivants, selon qu'ils coulent vers l'est et se jettent dans la Méditerranée, ou vers l'ouest et se jettent dans l'Atlantique.
Aragon, Douro, Ebre, Guadalquivir, Guadiana, Jucar, Mino, Tage, Turia.

4 Voici la liste de quelques îles appartenant à l'Espagne. Classez-les en deux ensembles géographiques.
Baléares, Cabrera, Canaries, Formentera, Fuerteventura, Gomera, Grande-Canarie, Ibiza, Ile de Fer, Lanzarote, Majorque, Minorque, Palma, Tenerife.

5 Distinguez, sur cette liste, les villes qui sont sur l'Atlantique et celles qui sont sur la Méditerranée.
Aleria, Alicante, Barcelone, Bilbao, Cadix, Carthagène, Gijon, Irun, La Corogne, Lisbonne, Madrid, Malaga, Porto, Santander, Tarragone, Valence, Vigo.

6 Chassez l'intrus (par rapport à une communauté particulière)

□ Bilbao	□ Irun
□ Cordoue	□ Saint-Sébastien

* Les réponses et commentaires sont en p. 260.

G L'Italie*

1 Superficie en milliers de km² — Proportion par rapport à la France

Superficie en milliers de km²	Proportion par rapport à la France
□ 50 000	□ 1/5
□ 100 000	□ entre 1/2 et 2/3
□ 200 000	□ 2/3
□ 300 000	□ 3/4
□ 500 000	□ Egale

2 Population en millions d'habitants — Proportion par rapport à la France

Population en millions d'habitants	Proportion par rapport à la France
□ 28 millions	□ 1/2
□ 38	□ Egale
□ 48	□ moitié plus
□ 58	□ double
□ 68	□ triple

3 Etats limitrophes

Il vous faut les sélectionner sur la liste ci-jointe, et les présenter de l'ouest à l'est :

Allemagne, Autriche, Belgique, Bosnie, Bulgarie, Espagne, France, Grèce, Hongrie, Sardaigne, Sicile, Slovénie, Suisse, Tchécoslovaquie, Turquie, Vénétie.

4 Les îles de l'Italie

Au centre de la Méditerranée, l'Italie est baignée par les mers suivantes :

– Mer Adriatique
– Mer Ionienne
– Mer Ligurienne
– Mer Tyrrhénienne.

Voici maintenant une liste des îles appartenant à l'Italie. Replacez chacune de ces îles conformément à sa situation géographique.

* Les réponses et commentaires sont en p. 261.

Caprera, Capri, Elbe, Iles Eoliennes, Giglio, Ischia, Lipari, Maddalena, Montecristo, Pianosa, Iles Pontines, Sardaigne, Sicile, Stromboli, Ustica, Vulcano.

5 Chassez l'intrus (par rapport au continent)

□ Gênes □ Milan □ Naples □ Palerme
□ Turin □ Venise

6 Chassez l'intrus (par rapport à un grand bassin fluvial)

□ Adda □ Piave □ Pô □ Tessin
□ Tibre

H La Grèce*

1 Superficie en milliers de km² — Proportion par rapport à la France

Superficie en milliers de km^2	Proportion par rapport à la France
□ 52 000	□ 1/5
□ 62 000	□ près du quart
□ 92 000	□ près de la moitié
□ 102 000	□ 2/3
□ 132 000	□ 3/4

2 Population en millions d'habitants — Proportion par rapport à la France

Population en millions d'habitants	Proportion par rapport à la France
□ 5	□ 1/10
□ 7	□ près de 1/5
□ 11	□ près de 1/4
□ 15	□ près de 1/2
□ 21	□ près de 2/3

3 Etats limitrophes

Il vous faut les sélectionner sur la liste ci-jointe, et les présenter en allant de l'ouest à l'est :

* Les réponses et commentaires sont en p. 262.

Albanie – Allemagne – Bulgarie – Croatie – Hongrie – Roumanie – Russie – Turquie.

4 Proportion des îles par rapport à la superficie totale.

□ 20 % □ 40 % □ 50 % □ 60 % □ 80 %

5 Classez les îles suivantes, selon qu'elles sont situées à l'ouest (O) ou à l'est (E) d'Athènes.

□ Chio	□ Corfou	□ les Cyclades
□ Iles Ioniennes	□ Ithaque	□ Lesbos
□ Péloponnèse	□ Rhodes	□ les Sporades

4. Les pays d'Europe Centrale et Orientale*

A Quatre pays*

Pologne, République tchèque, Slovaquie et Hongrie (d'autres classifications sont possibles).

1 Retrouvez la superficie et la population de chacun des quatre pays. Superficie (arrondie à la dizaine de milliers de km^2)

□ 30 000	□ 40 000	□ 50 000	□ 60 000
□ 70 000	□ 80 000	□ 90 000	□ 100 000
□ 150 000	□ 200 000	□ 250 000	□ 300 000
□ 310 000	□ 320 000	□ 330 000	□ 340 000

Population (arrondie au million d'habitants)

□ 5 millions	□ 10	□ 15	□ 20	□ 25
□ 35	□ 36	□ 38	□ 39	□ 40

2 Cochez les pays voisins de la Pologne

□ Allemagne	□ Autriche	□ Biélorussie	□ Danemark
□ Hongrie	□ Lettonie	□ Lituanie	□ République tchèque
□ Russie	□ Slovaquie	□ Turquie	□ Ukraine

Classez-les, si possible, de l'ouest à l'est et du nord au sud.

3 Cochez les pays voisins de la République tchèque

□ Allemagne	□ Autriche	□ Biélorussie	□ Hongrie
□ Pologne	□ Roumanie	□ Russie	□ Serbie
□ Slovaquie	□ Ukraine		

* Les réponses et commentaires sont en p. 263.

4 Cochez les pays voisins de la Slovaquie

□ Allemagne □ Autriche □ Biélorussie □ Croatie
□ Hongrie □ Moldavie □ Roumanie □ Russie
□ Serbie □ Ukraine

5 Cochez les pays voisins de la Hongrie

□ Allemagne □ Autriche □ Biélorussie □ Bosnie
□ Croatie □ Lituanie □ Pologne □ Roumanie
□ Russie □ Slovénie □ Slovaquie □ Turquie
□ Ukraine

6 Chassez l'intrus, du point de vue des pays continentaux

□ Hongrie □ Pologne □ République tchèque □ Slovaquie

7 Chassez l'intrus, parmi ces capitales

□ Bratislava □ Budapest □ Cracovie □ Prague □ Varsovie

B Les pays des Balkans*

Il s'agit de l'Albanie, de la Bulgarie, de la Roumanie, et des pays issus de l'ancienne Yougoslavie : Bosnie-Herzégovine, Croatie, Macédoine, Serbie-Monténégro, Slovénie.

(Sur le plan géographique pourraient s'y ajouter la Grèce et la Turquie d'Europe, traitées séparément).

1 Retrouvez la superficie et la population des trois pays : Albanie, Bulgarie, Roumanie.
Superficie (arrondie à la dizaine de milliers de km^2)

□ 30 000 □ 50 000 □ 90 000 □ 100 000 □ 110 000
□ 120 000 □ 150 000 □ 200 000 □ 240 000 □ 250 000

Population (arrondie au million d'habitants)
□ 3 □ 5 □ 7 □ 9 □ 12 □ 20 □ 24 □ 30 □ 40

* Les réponses et commentaires sont en p. 264.

2 Retrouvez la superficie et la population des pays de l'ancienne Yougoslavie.

Superficie (arrondie à la dizaine de milliers de km2)

□ 20 000 □ 25 000 □ 30 000 □ 40 000 □ 50 000
□ 60 000 □ 80 000 □ 100 000 □ 120 000

Population (arrondie au million ou à la dizaine de millions d'habitants)

□ 1 □ 2 □ 3 □ 4 □ 5 □ 10

3 Trouvez les pays voisins de l'Albanie

□ Allemagne □ Autriche □ Bosnie □ Bulgarie
□ Croatie □ Grèce □ Hongrie □ Italie
□ Macédoine □ Roumanie □ Serbie □ Turquie

4 Trouvez les pays voisins de la Bulgarie

□ Albanie □ Croatie □ Bosnie-Herzégovine
□ Grèce □ Hongrie □ Macédoine
□ Roumanie □ Russie □ Serbie
□ Turquie □ Ukraine

5 Trouvez les pays voisins de la Roumanie

□ Albanie □ Autriche □ Bosnie □ Bulgarie
□ Hongrie □ Macédoine □ Moldavie □ Pologne
□ République tchèque □ Serbie □ Slovaquie □ Slovénie
□ Turquie □ Russie □ Ukraine

NB : La Serbie et le Monténégro réunis ont voulu conserver le nom de Yougoslavie, sous forme de République fédérale.

En prévision des épreuves orales des concours, il faut continuer à bien suivre dans l'actualité les problèmes des pays issus de l'ancienne Yougoslavie.

C La Russie*

C.1 Géographie de la Russie

1 Superficie (chiffre arrondi au million de km²)

- □ 5
- □ 12
- □ 17
- □ 22
- □ 27
- □ 35
- □ 42

Proportion par rapport à la France

- □ Egale
- □ Double
- □ Cinq fois
- □ Dix fois
- □ Trente fois

2 Population (chiffre arrondi à à la dizaine de millions d'habitants

- □ 50
- □ 80
- □ 100
- □ 120
- □ 150
- □ 200
- □ 300

Proportion par rapport à la France

- □ Egale
- □ Double
- □ Triple
- □ Cinq fois
- □ Dix fois

3 Villes principales. Cocher celles qui sont spécifiquement russes

- □ Arkhangelsk
- □ Bakou
- □ Kazan
- □ Kharkov
- □ Kiev
- □ Kouibychev
- □ Minsk
- □ Moscou
- □ Oufa
- □ Perm
- □ Riga
- □ Saint-Pétersbourg
- □ Tallin
- □ Vilnius

4 Pourcentage de la population spécifiquement russe

- □ 53 %
- □ 63 %

* Les réponses et commentaires sont en p. 265.

□ 73 %
□ 83 %
□ 93 %

5 Chassez l'intrus (géographie physique)

□ Gorki
□ Kouibychev
□ Onega
□ Volgograd
Un seul de ces lacs est naturel.

C.2 La Russie et son histoire

1 Quelle fut la première capitale de la Russie?

□ Kiev
□ Moscou
□ Novgorod
□ Petrograd
□ Simferopol

2 Qui fut le premier tsar de Russie?

□ Feodor Chaliapine
□ Boris Godounov
□ Ivan IV Le Terrible
□ Michel Romanov
□ Lev Yachine

3 Qui fut le premier tsar d'une nouvelle dynastie au début du XVIIe siècle ?

□ Youri Gagarine
□ Nikita Kroutchtchev
□ Michel Obrenovitch
□ Vladimir Illitch Oulianov
□ Michel Romanov

4 Qui a fondé Saint-Pétersbourg?

□ Pierre Ier Alexeievitch

- □ Saint Pierre le Majeur
- □ Alexis Petrovitch

Quand cette ville est-elle devenue la capitale de la Russie ?

- □ 1515
- □ 1615
- □ 1685
- □ 1715
- □ 1815

5 Quelles furent les deux grandes impératrices de Russie au cours du XVIIIe siècle?
Distinguez selon la date de leur accession au pouvoir (première moitié ou deuxième moitié du siècle)

- □ Anna Karenine
- □ Catherine Ire
- □ Catherine II
- □ Catherine III
- □ Elisabeth Petrovna
- □ Marie Sklodowska

6 Quel fut le tsar adversaire de Napoléon ?

7 Quel tsar eut le règne le plus long au cours du XIXe siècle ?

8 Quel fut le dernier tsar de Russie ?

Les trois bonnes réponses se trouvent dans la liste ci-après :

- □ Alexandre Ier, Alexandre II, Alexandre III,
- □ Nicolas Ier, Nicolas II, Nicolas III
- □ Paul Ier, Paul II, Paul III
- □ Pierre Ier, Pierre II, Pierre III
- □ Théodore Ier, Théodore II, Théodore III

9 De quand date la création de l'URSS ?
(réponse dans la liste suivante)

10 Quand la Russie est-elle réapparue en tant qu'Etat ?

□ 1917	□ 1964
□ 1920	□ 1990
□ 1922	□ 1991
□ 1941	□ 1992
□ 1945	□ 1993

C.3 L'ex-URSS et la CEI, les quinze nouvelles Républiques

1 ***Composition : 15 pays***

Voici dans l'ordre alphabétique, la liste des quinze pays issus de l'ex-URSS.
Il vous est demandé de les classer par groupes géographiques ou géopolitiques :

– pays baltes
– pays d'Europe orientale
– pays du Caucase
– pays d'Asie centrale

Quinze pays

Arménie, Azerbaïdjan, Biélorussie, Estonie, Géorgie, Kazakhstan, Kirghizstan, Lettonie, Lituanie, Moldavie, Ouzbékistan, Russie, Tadjikistan, Turkménistan, Ukraine

2 ***Les pays baltes***

Voici une liste de villes qui sont dans les pays baltes, ou à proximité, dans les pays limitrophes.
Il vous est demandé de retrouver les capitales des pays baltes.
Helsinki, Kaliningrad, Léningrad, Minsk, Novgorod, Riga, Smolensk, Tallin, Vilnius, Vitebsk

3 ***Les pays d'Europe orientale***

Même exercice : trouver les capitales.
Brest, Bucarest, Chisinau, Constantza, Dniepropetrovsk, Jitomir, Kharkov, Kiev, Minsk, Odessa, Rovno, Sébastopol, Simféropol, Tchernobyl, Ternopol, Zaporojie

4 ***Les pays du Caucase***

Même exercice : trouver les capitales.
Astrakhan, Bakou, Batoum, Erevan, Groznyi, Krasnodar, Soukhoumi, Stavropol, Tbilissi, Volgograd.

5 ***Les pays d'Asie Centrale*** *

Même exercice : trouver les capitales
Achkabad, Alma-Ata, Baïkonour, Bakou, Bischkek, Douchanbé, Frounzé, Islamabad, Kaboul, Karaganda, Samarkand, Tachkent, Tomsk.

NB : Pour les pays d'Asie Centrale, voir ensuite pages 304 et 305.

L'avenir de tous ces pays est encore chargé de lourdes incertitudes. Il faut suivre leur évolution dans l'actualité, de même que les problèmes internes de la Russie (notamment les conflits de nationalités).

5. L'Amérique*

A Histoire*

1 Année de la découverte de l'Amérique

- □ 732
- □ 1214
- □ 1492
- □ 1515
- □ 1634

2 Cochez le nom ou les noms du ou des bateaux de Christophe Colomb lors de sa première traversée

- □ Annabella
- □ Isabella
- □ Nina
- □ Pinta
- □ Santa Maria

3 Quelle partie de l'Amérique fut découverte la première ?

- □ Alaska
- □ Caraïbes
- □ Guyane
- □ Terre de feu
- □ Yucatan

4 Nom du conquérant du Mexique

- □ Federico Bahamontes
- □ Fernand Cortez
- □ Miguel Indurain
- □ Carlos Isodoro
- □ Juan de la Plata
- □ Luis Olvidados
- □ Carlos Saura

* Les réponses et commentaires sont en p. 272.

5 Nom du conquérant du Pérou

- ☐ Luis Buñuel
- ☐ Pedro Delgado
- ☐ Eduardo Honduras
- ☐ Luis Ocana
- ☐ François Pizarre
- ☐ Tassiepa Sanchez
- ☐ Torquemada

6 Nom du libérateur et premier président des Etats-Unis

- ☐ John Kennedy
- ☐ William Mac Kinley
- ☐ Abraham Lincoln
- ☐ George Washington

7 Noms des libérateurs de l'Amérique latine

- ☐ Alcazar
- ☐ Bolivar
- ☐ Iglesias
- ☐ Iturbide
- ☐ Salvador
- ☐ San Martin
- ☐ Sucre
- ☐ Tapioca
- ☐ Valparaiso

8 Qui est l'auteur de cette formule célèbre ? « L'Amérique aux Américains »

- ☐ John Kennedy
- ☐ James Monroe
- ☐ Marylin Monroe
- ☐ John Wayne
- ☐ Thomas Woodrow Wilson

9 Cochez les noms des présidents des Etats-Unis qui ont été au pouvoir pendant la Première guerre mondiale et la Seconde guerre mondiale

- ☐ John F. Kennedy
- ☐ Abraham Lincoln
- ☐ Franklin Delano Roosevelt
- ☐ George Washington
- ☐ Thomas Woodrow Wilson

10 Première traversée de l'Atlantique en avion, sans escale, d'Amérique en France. Trouver l'auteur et l'année.

□ Anderson
□ Goldberg
□ Lindbergh
□ Spielberg

Date : □ 1887
□ 1907
□ 1917
□ 1927
□ 1937

B Géographie de l'Amérique*

1 Superficie

□ 12 millions de km²
□ 42 millions de km²
□ 52 millions de km²
□ 62 millions de km²
□ 72 millions de km²

2 Population

□ 200 millions d'habitants
□ 300 millions d'habitants
□ 500 millions d'habitants
□ 800 millions d'habitants
□ 1 200 millions d'habitants

3 Longueur du continent

□ 5 000 km
□ 8 000 km
□ 12 000 km
□ 18 000 km
□ 24 000 km

* Les réponses et commentaires sont en p. 273.

4 Point le plus méridional

- □ Cap Antofagasta
- □ Bahia Blanca
- □ Iles Falkland
- □ Cap Horn
- □ Isthme de Panama

5 Ville la plus australe du monde

- □ Southampton
- □ South Bend
- □ Southend on Sea
- □ Southport
- □ Ushuaïa

6 Hauteur du point culminant de l'Amérique

- □ 4 807 m
- □ 5 700 m
- □ 6 200 m
- □ 6 960 m
- □ 8 882 m

7 Nom du plus haut sommet

- □ Aconcagua
- □ Mont Mac Kinley
- □ Pic d'Orizaba
- □ Montagne Pelée
- □ La Soufrière

8 Nom du plus grand fleuve

- □ Amazone
- □ Colorado
- □ Mississipi
- □ Missouri
- □ Orénoque

et sa longueur

- □ 2 250 km
- □ 3 000 km
- □ 3780 km
- □ 4 370 km
- □ 6 000 à 7000 km

9 Cocher les pays qui ont une frontière terrestre commune avec la France

- □ Brésil
- □ Canada
- □ Etats-Unis
- □ Guatemala
- □ Surinam

10 Origine du nom du continent

- □ le chef viking Harald Hammerick
- □ le nom d'une grande tribu indienne
- □ le nom du vaisseau de Christophe Colomb
- □ le navigateur italien Amerigo Vespucci
- □ l'expression « A mes risques » employée par la reine Isabelle de Castille lorsqu'elle confia à Colomb les fonctions de vice-roi

C Les Etats-Unis*

1 Superficie	Proportion par rapport à la France
□ 4 millions de km^2	□ 4 fois
□ 6	□ 8 fois
□ 8	□ 10
□ 8 400 000	□ 15
□ 9 400 000	□ 17

* Les réponses et commentaires sont en p. 275.

2 Population

Population	X la France	Prévisions 2025
□ 60 millions	□ Egale	□ 100 millions
□ 90	□ 2 fois	□ 150
□ 190	□ 3 fois	□ 200
□ 220	□ 4 à 5 fois	□ 280
□ 270	□ 6 fois	□ 330

3 Pays avec lequel les Etats-Unis ont la plus longue frontière.

□ Canada
□ Cuba
□ Mexique

4 Principales religions

□ Catholiques	□ 4 millions
□ Juifs	□ 6 millions
□ Musulmans	□ 60 millions
□ Orthodoxes	□ 80 millions
□ Protestants	□ 100 millions

5 Capitale des Etats-Unis

□ Atlanta
□ Chicago
□ Hollywood
□ New York
□ Washington

NB : Noter aussi la ville retenue pour les Jeux Olympiques de 1996.

6 Résidence du président

□ Capitole
□ Maison Blanche
□ Empire State Building
□ Pentagone

7 Nombre d'Etats composant les Etats-Unis

A l'origine	Actuellement
□ 13	□ 15

□ 15	□ 25
□ 17	□ 50
□ 20	□ 75
□ 25	□ 100

8 Chassez l'intrus... (Etats du nord-est)

□ Maine □ New York □ Ontario
□ Pennsylvanie □ Rhode Island □ Vermont

9 Chassez l'intrus... (Etats du nord)

□ Columbia □ Dakota du Nord □ Minnesota
□ Montana □ Saskatchewan □ Washington

10 Chassez l'intrus (Etats limitrophes du Mexique)

□ Arizona □ Californie □ Chihuahua
□ Nouveau Mexique □ Texas

D Le Canada*

1 Superficie — Proportion par rapport à la France

Superficie	Proportion par rapport à la France
□ 500 000 km^2	□ 8 fois
□ 2 millions de km^2	□ 10 fois
□ 5 millions de km^2	□ 15 fois
□ 10 millions de km^2	□ 18 fois
□ 15 millions de km^2	□ 20 fois

2 Population (chiffres arrondis)

□ 10 millions d'habitants	□ 1/3
□ 20 millions d'habitants	□ 1/2
□ 30 millions d'habitants	□ 2/3
□ 40 millions d'habitants	□ Egale
□ 50 millions d'habitants	□ Moitié plus

* Les réponses et commentaires sont en p. 276.

3 Principales villes du Canada... trois intrus à trouver

Les situer si vous les connaissez.
Indiquer celles qui ont une fonction particulière.

- □ Alberta
- □ Calgary
- □ Edmonton
- □ Las Vegas
- □ Manitoba
- □ Montréal
- □ Ontario
- □ Ottawa
- □ Québec
- □ Regina
- □ Toronto
- □ Vancouver
- □ Winnipeg

4 Les fleuves du Canada... trois intrus à trouver

- □ Churchill
- □ Colorado
- □ Columbia
- □ Fraser
- □ Mackenzie
- □ Mississipi
- □ Missouri
- □ Saint-Clair
- □ Saint-Laurent
- □ Yukon

– Cochez les noms des fleuves canadiens
– Indiquez aussi le plus long

5 Noms des explorateurs français... trouvez des intrus

- □ Jean Cabot
- □ Robert Cavelier de la Salle
- □ Jacques Cartier
- □ Samuel de Champlain
- □ François-Xavier de Charlevoix
- □ Christophe Colomb
- □ Louis Jolliet
- □ Louis de Buade, comte de Palluau et de Frontenac
- □ Louis Saint-Laurent
- □ Giovanni Verrazzano

6 Noms des tribus indiennes du Canada... trouvez trois intrus

- □ Algonquins
- □ Assinibouins
- □ Aztèques
- □ Hurons
- □ Incas
- □ Iroquois
- □ Mayas
- □ Micmacs
- □ Montagnais
- □ Outaouais

7 L'emblème du drapeau canadien

□ Un bouclier
□ Une fleur de lys
□ Une feuille d'érable
□ Un ours brun
□ Une tête d'indien
□ Un vaisseau royal

8 Les provinces du Canada

– Cochez les provinces canadiennes (éliminez les autres dénominations...)
– Quelle est la plus grande de ces provinces ?

□ Alberta
□ Colombie britannique
□ Colombie québécoise
□ Manitoba
□ Nouveau-Brunswick
□ Nouveau Monde
□ Nouvelle-Ecosse
□ Ontario
□ Prince-Edouard
□ Québec
□ Saskatchewan
□ Terre-Neuve
□ Terre Nouvelle

9 Proportion de la population francophone

□ 5 %
□ 15 %
□ 20 %
□ 25 %
□ 50 %
□ 75 %
□ 100 %

10 Les chanteurs célèbres

Cocher les Québécois.

□ Daniel Balavoine
□ Jacques Brel
□ Robert Charlebois
□ Yves Duteil
□ Daniel Guichard
□ Johnny Halliday
□ Félix Leclerc
□ Gilbert Montagné
□ Charles Trénet
□ Gilles Vignault

11 Les chanteuses célèbres

Cocher les Québécoises.

- □ Lily Boulogne
- □ Diane Dufresne
- □ Ginette Leclerc
- □ Mireille Mathieu
- □ Fabienne Thibault

12 Qu'est-ce que le bouclier canadien ?

- □ Un vieux socle précambrien en forme de bouclier
- □ Le bouclier le plus célèbre des chefs vikings ayant abordé au Canada
- □ L'emblème du Canada depuis les guerres contre les Iroquois.

13 Chassez les intrus... (grandes îles du Nord)

- □ Terre de Baffin
- □ Terre de Banks
- □ Terre-Neuve
- □ Ile Melville
- □ Iles Parry
- □ Ile du Prince de Galles
- □ Vancouver
- □ Victoria

14 Chassez l'intrus... (qui est entièrement américain)

- □ Erié
- □ Huron
- □ Michigan
- □ Ontario
- □ Supérieur

15 Chassez l'intrus... (sur cette liste de ports)

- □ Edmonton
- □ Montréal
- □ Port-aux-Basques
- □ Québec
- □ Saint-Jean
- □ Toronto
- □ Vancouver

E Le Mexique*

1 Pays limitrophes du Mexique

□ Argentine	□ Belize	□ Brésil	□ Cuba
□ Canada	□ Colombie	□ Costa-Rica	□ Nicaragua
□ Etats-Unis	□ Guatémala	□ Honduras	□ Venezuela

2 Superficie du Mexique, par rapport à celle de la France

□ La moitié
□ Les deux tiers
□ Egale
□ Le double
□ Le quadruple

3 Point culminant du Mexique

□ Acapulco
□ Orizaba
□ Popocatepetl
□ Tenochtitlan

4 Nom du grand fleuve formant frontière avec les Etats-Unis

□ Arizona
□ Colorado
□ Rio de la Plata
□ Rio Grande
□ Rio Tampico

5 Population (chiffres arrondis)

	Proportion par rapport à la France
□ 25 millions d'habitants	□ 1/2
□ 50	□ Egale
□ 75	□ Double
□ 80	□ Triple
□ 100	

* Les réponses et commentaires sont en p. 279.

6 Chassez l'intrus... (une ville n'est pas mexicaine)

- ☐ Ciudad Juarez
- ☐ Durango
- ☐ El Paso
- ☐ Monterrey
- ☐ San Luis Potosi

7 Quelles sont les trois grandes civilisations qui se succédèrent au Mexique depuis le début de notre ère ?

- ☐ Arumbaya
- ☐ Aztèque
- ☐ Esquimau
- ☐ Maya
- ☐ Montagnaise
- ☐ Toltèque
- ☐ Victorienne

8 Cochez les noms des conquérants ou libérateurs, généraux ou hommes politiques, les plus directement liés à l'histoire du Mexique :

- ☐ Ruy Blas
- ☐ Fernand Cortez
- ☐ Augustin de Iturbide
- ☐ Antonio Lopez de Santa Anna
- ☐ François Pizarre
- ☐ Pancho Villa
- ☐ Emiliano Zapata

9 Nom d'une bataille célèbre entre Mexicains et ressortissants américains (texans) :

- ☐ Alamo
- ☐ Ciudad Juarez
- ☐ El Paso
- ☐ Rio Bravo
- ☐ San Diego

10 Cochez les noms des territoires cédés en 1848 par le Mexique aux Etats-Unis :

- ☐ Arizona
- ☐ Californie
- ☐ Columbia
- ☐ Costa-Rica
- ☐ Cuba
- ☐ Dakota
- ☐ Idaho
- ☐ Louisiane
- ☐ Montana
- ☐ New York
- ☐ Nicaragua
- ☐ Nouveau Mexique
- ☐ Texas
- ☐ Washington

11 Nom du monarque français qui se lança dans une expédition hasardeuse au Mexique ?

- □ Charlemagne
- □ Henri IV
- □ Louis XIV
- □ Napoléon Ier
- □ Charles X
- □ Napoléon III

12 Qui commandait les troupes françaises ?

- □ Bayard
- □ Bazaine
- □ Bonaparte
- □ Condé
- □ Bugeaud
- □ Jourdan
- □ Turenne

13 Au cours d'un épisode glorieux, une compagnie de légionnaires français se défendit héroïquement contre l'armée mexicaine. Quel est ce lieu ?

- □ Borodino
- □ Camerone
- □ Koufra
- □ Rio Lobo
- □ Vera Cruz

14 Qui commandait les troupes mexicaines ?

- □ Alcala
- □ Juarez
- □ Montezuma
- □ Ricardo
- □ Tontone

15 Pouvez-vous retrouver le nom d'un chef d'Etat qui resta plus de 30 ans au pouvoir ?

- □ Porfirio Diaz
- □ Benito Mussolini
- □ Hiro de Puerco
- □ Emiliano Zapata

16 Quels sont les noms des deux révolutionnaires les plus célèbres au début de notre siècle ?

□ Chato Gutierrez
□ Alonzo Mexico
□ Franco de Puerto
□ Pancho Villa
□ Emiliano Zapata

F Les pays d'Amérique Centrale et l'isthme de Panama*

1 Voici la liste des sept pays situés entre le Mexique et l'Amérique du sud

1.1. Donnez à chaque pays sa capitale.
1.2. Classez-les, dans l'ordre géographique, du nord au sud.

□ Belize	□ Belmopan
□ Costa Rica	□ Guatémala
□ El Salvador	□ Managua
□ Honduras	□ San José
□ Nicaragua	□ San Salvador
□ Costa-Rica	□ Tégucigalpa

1.3. Trouvez l'ordre de grandeur de leur superficie totale et de leur population totale.

□ 50 000 km^2	□ 100 000 km^2	□ 200 000 km^2
□ 300 000 km^2	□ 400 000 km^2	□ 500 000 km^2
□ 5 millions d'habitants	□ 10	□ 20
□ 30	□ 40	□ 50

2 Cinq de ces pays sont bordés à la fois par l'Océan Pacifique (à l'ouest), et par la Mer des Antilles (à l'est).

2.1. Un seul est bordé uniquement par le Pacifique. Lequel ?
2.2. Un seul est bordé uniquement par la Mer des Antilles. Lequel ?

* Les réponses et commentaires sont en p. 282.

3 Quel est l'ancien nom de Bélize ?

□ Belle Elizabeth
□ Belle Isabelle
□ Honduras britannique

4 4.1. Quelle est la longueur du Canal de Panama ?

□ 10 km □ 20 □ 30 □ 40 □ 60 □ 80

4.2. Quel est le nombre des écluses ?

□ 1 □ 2 □ 3 □ 4 □ 5 □ 6 □ 7 □ 8 □ 9 □ 10

4.3. Chassez l'intrus parmi ces ports desservant le canal

□ Balboa □ Colon
□ Cristobal □ Managua

4.4. Pour quelle raison le nom de Panama tient-il une grande place dans les manuels d'histoire ?

□ La Guerre du Golfe de Panama
□ Une très forte émigration française après la perte du Canada
□ Un scandale politico-financier au début de la IIIe République
□ Le jumelage entre Paris et Paname

5 Quels sont les Etats voisins du Panama ?

□ Belize □ Brésil □ Colombie □ Costa Rica
□ Etats-Unis □ Mexique □ Nicaragua □ Salvador
□ Venezuela

6 Chassez l'intrus parmi ces lacs

□ Izabal □ Managua
□ Noriega □ Nicaragua

G Les Antilles*

1 Voici, dans l'ordre alphabétique, la liste des îles qui composent les Grandes Antilles. Donnez à chacune sa capitale, et classez-les, dans l'ordre géographique, du nord au sud et de l'est à l'ouest.

□ Bahamas	□ Georgetown
□ Cayman	□ Kingstown
□ Cuba	□ La Havana
□ Haïti	□ Nassau
□ Jamaïque	□ Port-au-Prince
□ Porto-Rico	□ Saint-Domingue
	□ San Juan

Indiquez dans quelle île se situe la République Dominique, et quelle est sa capitale.

Superficie totale (ordre de grandeur)

□ 10 000 km^2	□ 80 000 km^2
□ 20 000 km^2	□ 100 000 km^2
□ 40 000 km^2	□ 200 000 km^2

Population totale en millions d'habitants

□ 5	□ 20
□ 10	□ 30
□ 15	□ 40

2 Voici, dans l'ordre alphabétique, la liste des îles qui composent les Petites Antilles. Si possible, donnez à chacune sa capitale (ou son chef-lieu), et classez-les du nord au sud (en indiquant, le cas échéant, à quel ensemble géopolitique elles appartiennent).

□ Antigua et Barbuda	□ Basse-Terre
□ Antilles néerlandaises	□ Bridgetown
□ Araba	□ Castries
□ Barbade	□ Charlotte Amalie
□ Dominique	□ Curaçao
□ Grenade	□ Fort-de-France

* Les réponses et commentaires sont en p. 283.

- ☐ Grenadines
- ☐ Guadeloupe
- ☐ Martinique
- ☐ Montserrat
- ☐ Saint Kitts et Nevis
- ☐ Sainte Lucie
- ☐ Saint-Vincent
- ☐ Tobago

- ☐ Kingstown
- ☐ Port d'Espagne
- ☐ Roadtown
- ☐ Roseau
- ☐ Saint-Georges
- ☐ Saint-Jean
- ☐ Trinidad
- ☐ Les Iles Vierges

H L'Amérique du sud*

1 Voici, dans l'ordre alphabétique, la liste des pays et des capitales. A vous de donner à chaque pays la bonne capitale.

- ☐ *1* - Argentine
- ☐ *2* - Bolivie
- ☐ *3* - Brésil
- ☐ *4* - Chili
- ☐ *5* - Colombie
- ☐ *6* - Equateur
- ☐ *7* - Paraguay
- ☐ *8* - Pérou
- ☐ *9* - Uruguay
- ☐ *10* - Venezuela

- ☐ Asuncion
- ☐ Bogota
- ☐ Brasilia
- ☐ Buenos Aires
- ☐ Caracas
- ☐ La Paz
- ☐ Lima
- ☐ Montevideo
- ☐ Quito
- ☐ Santiago

Marquez le numéro du pays dans la case correspondant à chaque ville.

2 Il faut ajouter un ensemble de trois territoires pour compléter la liste précédente. Cochez la bonne case :

- ☐ Les Aléoutiennes
- ☐ Les Caraïbes
- ☐ Les Guyanes

3 Tous les Etats cités ci-dessus ont une façade maritime, à deux exceptions près. Lesquelles ? Vous devez les cocher, ou marquer leur numéro ici :

☐ ☐

* Les réponses et commentaires sont en p. 284.

4 Chassez l'intrus... (liste de grands ports)

□ Buenos Aires □ Caracas □ Montevideo
□ Rio de Janeiro □ Santiago du Chili

5 Chassez l'intrus... (liste de capitales)

□ Asuncion □ Bogota □ Caracas □ La Paz
□ Quito □ Rio de Janeiro

I Le Brésil*

C'est sans doute l'un des géants potentiels du monde de demain. C'est un grand pays déjà fort connu... et pas seulement des amateurs de football (le Brésil a gagné la Coupe du Monde 1994, et détient le record en ce domaine).

1 Cocher les pays limitrophes du Brésil

□ Argentine □ Paraguay
□ Bolivie □ Pérou
□ Colombie □ Surinam
□ Guyana □ Uruguay
□ Guyane française □ Venezuela

2 Superficie par rapport à celle de la France

□ la moitié
□ égale
□ le double
□ le triple
□ le quintuple
□ dix fois
□ quinze fois

3 Population par rapport à celle de la France : utilisez l'échelle ci-dessus.

* Les réponses et commentaires sont en p. 285.

4 Quelle est la capitale du Brésil ?

□ Brasilia
□ Rio de Janeiro
□ São Paulo

5 Combien de fois le Brésil a-t-il remporté la Coupe du Monde de football ?

□ 3
□ 4
□ 5
□ 6
□ 7

6. L'Afrique*

1 Quelle est la superficie de l'Afrique, et à quel rang se situe-t-elle par rapport aux autres continents ?

□ 300 000 km²	Rang *1* - □
□ 3 millions de km²	*2* - □
□ 30 millions	*3* - □
□ 300 millions	*4* - □
□ 3 milliards	

2 Quelle est sa population actuelle
Et quelles sont les prévisions pour l'an 2025 ?

□ 70 millions	□ 700 millions
□ 700 millions	□ 1 600 millions
□ 800 millions	□ 3 milliards
□ 1 600 millions	□ 7 milliards
□ 7 milliards	□ 10 milliards

3 Quels sont les taux de mortalité et de natalité ? Et le taux d'accroissement naturel ?

M □ 8 pour mille	N □ 10	Solde □ - 4
□ 10	□ 12	□ nul
□ 13	□ 14	□ + 4
□ 16	□ 30	□ + 6
□ 30	□ plus de 40	□ près de 30

4 Quels sont les grands fleuves de l'Afrique ?

Voici une liste de douze grands fleuves, dans l'ordre alphabétique. Classez-les en fonction de leur longueur. Trouvez au moins les trois premiers de façon sûre.

* Les réponses et commentaires sont en p. 286.

Liste des fleuves	Longueur à choisir
☐ Chari	☐ 6 700 km
☐ Congo	☐ 4 700
☐ Gambie	☐ 4 200
☐ Kassaï	☐ 2 600
☐ Limpopo	☐ 2 100
☐ Niger	☐ 2 000
☐ Nil	☐ 1 900
☐ Orange	☐ 1 700
☐ Oubangui	☐ 1 600
☐ Sénégal	☐ 1 300
☐ Volta	☐ 1 200
☐ Zambèze	☐ 1 100

5 Quels sont les grands lacs d'Afrique ?

Voici une liste alphabétique des grands lacs de l'Afrique. Classez-les en fonction de leur superficie.

☐ Albert	☐ 68 000 km²
☐ Malawi (ex-Nyassa)	☐ 32 000
☐ Rodolphe	☐ 26 000
☐ Tanganyika	☐ 10 000 à 26 000
☐ Tchad	☐ 8 000
☐ Victoria	☐ 5 000

6 Chassez l'intrus… par rapport à un océan

☐ Abidjan ☐ Accra ☐ Casablanca ☐ Dakar
☐ Djibouti ☐ Lagos ☐ Monrovia
☐ Saint-Louis (Sénégal)

7 Les Etats africains peuvent être répartis en dix ensembles géopolitiques :

Maghreb (ou Afrique méditerranéenne)
Sahel
Afrique occidentale
– extrémité occidentale
– pays du golfe de Guinée

Afrique centrale
Afrique de l'est
Afrique du nord-est (ou « corne de l'Afrique »)
Afrique subtropicale
Afrique australe
Pays de l'Océan Indien

– Classez ainsi les Etats de la première liste suivante, et essayez de retrouver le nom de leur capitale, prise dans la deuxième liste.

Etats :

Afrique du sud	Ghana	Nigéria
Algérie	Guinée	Ouganda
Angola	Guinée Bissau	Rwanda
Bénin	Guinée équatoriale	Sao Tomé et Principe
Botswana	Kenya	Sénégal
Burkina-Faso	Lésotho	Seychelles
Burundi	Libéria	Sierra Leone
Cameroun	Libye	Somalie
Cap Vert	Madagascar	Soudan
Centrafrique	Malawi	Swaziland
Comores	Mali	Tanzanie
Congo	Maroc	Tchad
Côte d'Ivoire	Maurice	Togo
Djibouti	Mauritanie	Zaïre
Egypte	Mozambique	Zambie
Gabon	Namibie	Zimbabwe
Gambie	Niger	

Capitales :

Abidjan	Gaborone	Monrovia
Abuja	Hararé	Moroni
Accra	Kampala	Nairobi
Addis-Abbéba	Khartoum	N'Djaména
Alger	Kinshasa	Niamey
Antananarivo	Kigali	Nouakchott
Bamako	Le Caire	Ouagadougou

Bangui	Libreville	Port-Louis
Banjul	Lilongwé	Porto-Novo
Bissau	Lomé	Praia
Brazzaville	Luanda	Prétoria
Bujumbura	Lusaka	Rabat
Conakry	Malabo	Sao Tomé
Dakar	Maputo	Tripoli
Dar-ès-Salam	Maseru	Tunis
Djibouti	Mbabane	Windhoeck
Freetown	Mogadishu	Yamoussoukro

8 Quel est l'Etat le plus peuplé d'Afrique ?

- □ Afrique du sud
- □ Algérie
- □ Egypte
- □ Nigéria
- □ Zaïre

9 Quels sont les Etats les plus petits ? Trouvez en cinq sur la liste générale.

10 Quels sont les Etats qui ont pris un nouveau nom en devenant indépendants ?

- □ Congo belge
- □ Haute-Volta
- □ Oubangui-Chari
- □ Rhodésie du nord
- □ Rhodésie du sud
- □ Soudan français

Retrouvez les dénominations actuelles (plus spécifiquement africaines).

A Le Maroc*

1 Superficie

☐ 300 000 km^2 ☐ 450 000 ☐ 600 000
☐ 750 000 ☐ 1 million

2 Population

☐ 18 ☐ 28 ☐ 38 ☐ 48 ☐ 58

3 Cochez les pays voisins du Maroc

☐ Algérie ☐ Egypte ☐ Espagne ☐ Libye ☐ Mali
☐ Mauritanie ☐ Niger ☐ Sénégal ☐ Tchad

4 Chassez l'intrus parmi ces ports sur l'Atlantique

☐ Larache ☐ Kenitra ☐ Salè ☐ Rabat ☐ Casablanca
☐ Marrakech ☐ Safi ☐ Essaouira ☐ Agadir

5 Chassez l'intrus parmi ces villes de l'intérieur

☐ Fez ☐ Oujda ☐ Meknès ☐ Ifrane ☐ Marrakech
☐ Ouarzazate ☐ Tanger

B L'Algérie**

1 Superficie (arrondie à la centaine de milliers de km2)

☐ 250 000 ☐ 500 000 ☐ 1 million ☐ 2 millions
☐ 2 400 000 ☐ 2 800 000 ☐ 3 600 000 ☐ 4 millions

Par rapport à la France :

☐ 1/2 ☐ Egale ☐ 2 ☐ 3 ☐ 4 ☐ 5 ☐ 6 ☐ 7
☐ 8 ☐ 9 ☐ 10

2 Population (arrondie à la dizaine de millions d'habitants)

☐ 10 ☐ 20 ☐ 30 ☐ 40 ☐ 50 ☐ 60

* Les réponses et commentaires sont en p. 289.
** Les réponses et commentaires sont en p. 290.

Proportion par rapport à la France

□ 1/10 □ 1/5 □ 1/3 □ 1/2 □ Egale
□ Double □ Triple

C L'Egypte*

1 Superficie

□ 500 000 km² □ 750 000 □ 1 million
□ 1 500 000 □ 2 millions

2 Population

□ 18 millions d'habitants □ 28 □ 38 □ 48
□ 58 □ 62 □ 68 □ 78

3 Chassez l'intrus (critères : le Nil et le territoire égyptien)

□ Assouan □ Assiout □ Damiette □ Khartoum
□ Le Caire □ Louxor □ Suez

(*) Si possible, trouvez deux intrus, et justifiez votre réponse.

4 Chassez l'intrus... qui n'est pas un port sur la Méditerranée

□ Al Arich (ou el Arich) □ Alexandrie
□ Damiette □ Marsa Matrouh
□ Port Saïd □ Suez

5 Cochez les pays voisins de l'Egypte

□ Algérie □ Arabie Saoudite □ Ethiopie □ Irak
□ Israël □ Jordanie □ Libye □ Soudan
□ Tchad □ Tunisie

6 Chassez l'intrus par rapport à l'Égypte

□ Désert arabique □ Désert libyque □ Sahara

* Les réponses et commentaires sont en p. 290.

D La Côte d'Ivoire*

1 Superficie (chiffres arrondis)

□ 50 000 km² □ 100 000 □ 150 000
□ 200 000 □ 250 000 □ 300 000

2 Population en millions d'habitants

□ 6 □ 8 □ 10 □ 12 □ 14 □ 16 □ 18

3 Cochez les Etats voisins

□ Bénin □ Burkina Faso □ Cameroun □ Ghana □ Guinée
□ Libéria □ Mali □ Mauritanie □ Niger □ Nigeria
□ Sierra Leone □ Togo

4. Chassez l'intrus

□ Baoulé □ Français □ Haoussa □ Mandingue □ Zoulou

5 Chassez l'intrus

□ Ananas □ Bananes □ Betteraves □ Cacao □ Café

6 Chassez l'intrus

□ Acajou □ Maïs □ Manioc □ Mil □ Riz

7 Chassez l'intrus

□ Cocotier □ Coton □ Hévéa □ Houblon □ Palmier à huile

E Le Sénégal*

1 Superficie

□ 50 000 km² □ 100 000 □ 150 000 □ 200 000
□ 250 000 □ 300 000

* Les réponses et commentaires sont en p. 291.

2 Population

☐ 4 millions d'habitants ☐ 6 ☐ 10 ☐ 12 ☐ 14 ☐ 16

3 Cochez les pays voisins

☐ Algérie ☐ Côte d'Ivoire ☐ Gambie ☐ Guinée
☐ Guinée Bissau ☐ Mali ☐ Maroc ☐ Mauritanie
☐ Sierra Leone ☐ Tchad ☐ Tunisie

4 Chassez l'intrus

☐ Dakar ☐ Kaolack ☐ Linguère ☐ Rufisque
☐ Saint-Louis ☐ Thies ☐ Tombouctou
☐ Ziguinchor

5 Chassez l'intrus parmi ces fleuves du Sénégal

☐ Casamance ☐ Gambie ☐ Niger ☐ Sénégal

6 Chassez l'intrus

☐ Zone côtière humide ☐ Zone équatoriale
☐ Zone sahélienne ☐ Zone soudanaise

7 Chassez l'intrus

☐ Endives ☐ Haricots ☐ Maïs ☐ Manioc ☐ Patates

8 Chassez les intrus

☐ Bambaras ☐ Bantous ☐ Maures
☐ Ouolofs ☐ Peuls ☐ Sarakollès
☐ Sérères ☐ Toucouleurs ☐ Zoulous

9 Chassez l'intrus

☐ Afrikaans ☐ Français ☐ Ouolof
☐ Mandingue ☐ Peul ☐ Haoussa
☐ Sérère

10 Chassez l'intrus parmi ces œuvres célèbres au Sénégal

☐ Anthologie de la nouvelle poésie africaine et malgache de langue française

□ Chants d'ombres
□ Hosties noires
□ Nocturnes
□ Lettres d'hivernage
□ L'œuvre au noir

F Le Nigeria*

1 Superficie (arrondie à la centaine de milliers de km²)

□ 100 000 □ 300 000 □ 500 000 □ 700 000 □ 900 000

2 Population (arrondie à la dizaine de millions)

□ 10 millions d'habitants □ 20 □ 30 □ 40 □ 50 □ 60
□ 70 □ 80 □ 90 □ 100 □ 110 □ 120 □ 130
□ 140 □ 150

3 Cochez les Etats voisins

□ Algérie □ Bénin □ Burkina Faso □ Cameroun
□ Centrafrique □ Congo □ Côte d'Ivoire
□ Gabon □ Niger □ Tchad

4 Chassez l'intrus

□ Anglais □ Belge □ Haoussa □ Igbo □ Yorouba

G La République démocratique du Congo**

Le pays s'est appelé Zaïre (= le Fleuve) de 1971 à 1997

1 Superficie par rapport à la France

□ 1/2 □ Egale □ Double
□ Triple □ Quadruple □ Quintuple

2 Population, en millions d'habitants

□ 15 □ 25 □ 35 □ 50 □ 65 □ 80

* Les réponses et commentaires sont en p. 292.
** Les réponses et commentaires sont en p. 293.

3 Chassez l'intruse parmi ces populations

☐ Bantous ☐ Borkoubas ☐ Bortékés
☐ Papous ☐ Pygmées

4 Chassez l'intrus parmi ces langues parlées

☐ Français ☐ Bantou ☐ Luo ☐ Malgache

5 Trouvez les Etats voisins. Si possible, classez-les en en faisant le tour dans le sens des aiguilles d'une montre.

☐ Angola ☐ Burundi ☐ Cameroun ☐ Centrafrique
☐ Congo ☐ Gabon ☐ Guinée ☐ Mali
☐ Ouganda ☐ Rwanda ☐ Soudan ☐ Tanzanie
☐ Tchad ☐ Zambie ☐ Zimbabwe

6 Chassez l'intruse parmi ces provinces

☐ Bamdudu ☐ Equateur ☐ Haut Zaïre ☐ Kabylie
☐ Kasaï ☐ Kivu ☐ Shaba

7 Chassez l'intrus parmi ces productions minières

☐ Cobalt ☐ Cuivre ☐ Diamants
☐ Guano ☐ Uranium

8 Chassez l'intruse parmi ces villes

☐ Bendo ☐ Kigali ☐ Kinshasa ☐ Kisangani
☐ Kolwesi ☐ Lumumbashi

H L'Afrique Australe*

1 Cochez les pays voisins de la République d'Afrique du sud

☐ Angola ☐ Botswana ☐ Lesotho
☐ Mozambique ☐ Namibie ☐ Swaziland
☐ Tanzanie ☐ Transvaal ☐ Zambie
☐ Zimbabwe

* Les réponses et commentaires sont en p. 293.

2 Retrouvez la superficie et la population de l'Afrique du sud

□ 200 000 km² □ 400 000 □ 600 000
□ 800 000 □ 1 million □ 1 200 000

□ 10 millions d'hab. □ 20 □ 30 □ 40

3 Chassez l'intrus parmi ces grands ports

□ Durban □ Johannesburg
□ Le Cap □ Port Elisabeth

I Madagascar*

1 Superficie arrondie à la centaine de milliers de km²

□ 100 000 □ 200 000 □ 300 000 □ 400 000 □ 500 000
□ 600 000 □ 700 000 □ 800 000

2 Population en millions d'habitants

□ 10 □ 12 □ 15 □ 18 □ 20

3 Quelle est la forme de l'île ?

□ Main droite □ Main gauche □ Pied droit □ Pied gauche
□ Tête humaine renversée

4 Chassez l'intrus parmi ces villes portuaires

□ Antananarivo □ Antseranana □ Mahanjanga □ Morondava
□ Taolagnaro □ Tambohorano □ Toamasina

5 Chassez l'intrus

□ Café □ Canne à sucre □ Chocolat
□ Girofle □ Riz □ Tabac □ Vanille

6 Chassez l'intrus (île non indépendante)

□ Comores □ Maurice □ Nossi-Bé □ Seychelles

* Les réponses et commentaires sont en p. 294.

7. L'Asie *

Evaluez la masse et le poids démographique de l'Asie

1 Superficie, en millions de km²

- □ 4
- □ 14
- □ 44
- □ 144
- □ 440

Proportion par rapport à la France

- □ 20 fois
- □ 40
- □ 80
- □ 100

2 Population, en milliards d'habitants

- □ 0,4
- □ 3,5
- □ 7,3
- □ 8,4

Proportion par rapport à la France

- □ 20 fois
- □ 30
- □ 40
- □ 50

3 Proportion de la population du globe

- □ 20 %
- □ 40 %
- □ 60 %
- □ 80 %

4 Prévisions démographiques pour l'an 2000, pour les principaux pays d'Asie.

- □ *1* - Bangladesh
- □ *2* - Chine
- □ *3* - Inde
- □ *4* - Indonésie

- □ 130 millions
- □ 150
- □ 200
- □ 1 milliard

* Les réponses et commentaires sont en p. 295.

□ 5 - Japon
□ 6 - Pakistan
□ 1,5 milliard

5 Population prévue pour l'an 2025

□ 1/3 de la population actuelle du globe
□ 1/2
□ autant que l'ensemble du globe en 1990.

6 Voici, dans l'ordre alphabétique, une liste de six péninsules.
Cochez les trois plus grandes.
Présentez-les dans un ordre géographique rationnel.

□ Arabie
□ Corée
□ Inde
□ Indochine
□ Kamtchatka
□ Malaisie

7 Voici, dans l'ordre alphabétique, une liste de golfes.
Classez-les en allant de l'ouest à l'est.

□ Golfe arabique
□ Golfe d'Aden
□ Golfe du Bengale
□ Golfe d'Oman
□ Golfe persique
□ Golfe du Siam
□ Golfe du Tonkin

8 Voici, dans l'ordre alphabétique, les noms des grands fleuves de l'Asie.
Présentez-les de façon rationnelle en les rattachant à des pays ou ensembles géographiques :

□ Amour
□ Euphrate
□ Fleuve Bleu
□ Fleuve Jaune
□ Gange
□ Huang-Ho
□ Iénisséi
□ Indus
□ Léna
□ Ob
□ Tigre
□ Yang-Tsé-Kiang

9 Retrouvez les noms des grands lacs de la Sibérie

- ☐ Alma-Ata
- ☐ Baïkal
- ☐ Balkach
- ☐ Irkoutsk
- ☐ Karaganda
- ☐ Komsomolsk
- ☐ Tachkent
- ☐ Vladivostok

10 Voici, dans l'ordre alphabétique, une liste d'îles et d'archipels. Distinguez les archipels et les grandes îles. Présentez-les de façon rationnelle.

- ☐ Archipel nippon
- ☐ Ceylan
- ☐ Formose
- ☐ Indonésie
- ☐ Japon
- ☐ Philippines
- ☐ Sakhaline
- ☐ Sri-Lanka
- ☐ Taiwan

A La Turquie*

1 Superficie

- ☐ 20 000 km²
- ☐ 80 000 km²
- ☐ 180 000 km²
- ☐ 580 000 km²
- ☐ 780 000 km²

2 Population, par rapport à celle de la France

- ☐ 1/3
- ☐ 1/2
- ☐ 3/4
- ☐ Egale
- ☐ Double

3 Capitale

- ☐ Ankara
- ☐ Byzance

* Les réponses et commentaires sont en p. 297.

□ Constantinople
□ Istambul

4 Minorités présentes en Turquie

□ Arabes
□ Arméniens
□ Berbères
□ Grecs
□ Indiens
□ Kabyles
□ Kurdes
□ Mongols

5 Date historique capitale dans l'histoire de ce pays

□ 732
□ 1453
□ 1515
□ 1598
□ 1789

6 Chassez l'intrus parmi ces villes portuaires

□ Ankara
□ Iskanderun (Alexandrette)
□ Istanbul
□ Izmir
□ Trebizonde

B Les pays du Proche-Orient ou Moyen-Orient*

1 Voici une liste de quinze pays, dans l'ordre alphabétique. Classez-les en 3 ensembles géographiques :

a) les pays du « croissant fertile »
b) la péninsule arabique
c) les pays du Moyen-Orient

□ 1 - Afghanistan
□ 2 - Arabie Saoudite
□ 3 - Bharein
□ 4 - Emirats arabes unis
□ 5 - Irak
□ 6- Iran
□ 7- Israël
□ 8- Jordanie
□ 9 - Koweit
□ 10 - Liban

* Les réponses et commentaires sont en p. 299.

- □ 11 - Oman
- □ 12 - Pakistan
- □ 13 - Qatar
- □ 14- Syrie
- □ 15- Yémen

2 Voici, dans l'ordre alphabétique, les quinze capitales. Attribuez à chaque pays sa propre capitale.

- □ 1 - Abu Dhabi
- □ 2 - Amman
- □ 3 - Bagdad
- □ 4 - Beyrouth
- □ 5 - Damas
- □ 6 - Doha
- □ 7 - Islamabad
- □ 8 - Jérusalem
- □ 9 - Kaboul
- □ 10 - Koweit
- □ 11 - Manama
- □ 12 - Mascate
- □ 13 - Riyad
- □ 14 - Sanaa
- □ 15 - Téhéran

C Les pays du subcontinent indien*

1 Voici, dans l'ordre alphabétique, la liste des pays et celle des capitales. Donnez à chaque pays sa propre capitale.

Pays	*Capitales*
□ Bangladesh	□ Colombo
□ Bhoutan	□ Dacca
□ Ceylan	□ Dhaka
□ Maldives	□ Islamabad
□ Népal	□ Katmandou
□ Pakistan	□ Malé
□ République Indienne	□ New-Delhi
□ Sri Lanka	□ Thimbou

2 Questions sur le **Bangladesh**

Superficie par rapport à la France

- □ Moins du tiers
- □ La moitié
- □ Egale
- □ Le double

* Les réponses et commentaires sont en p. 299.

Population par rapport à la France

□ Moins du tiers
□ La moitié
□ Egale
□ Plus du double

3 L'Inde ou République indienne

Superficie par rapport à la France

□ Moitié
□ Egale
□ Double
□ Triple
□ 6 fois la France

Population

par rapport à la France	au monde
□ Moitié	□ 1/100
□ Egale	□ 5 %
□ Double	□ 10 %
□ Triple	□ 1/6
□ 6 fois	□ 20 %
□ Plus de 16 fois	

Nombre de langues parlées en Inde

□ 1
□ 2
□ 3
□ 6
□ 60
□ plus de 1600

Religion dominante en Inde

□ Animisme
□ Bouddhisme
□ Christianisme
□ Hindisme
□ Islam
□ Sikhisme

4 Parmi les villes ci-après, retrouvez les noms des anciens **comptoirs français aux Indes**.

- □ Aurangabad
- □ Bangalore
- □ Bhopal
- □ Bombay
- □ Calcutta
- □ Chandernagor
- □ Goa
- □ Karikal
- □ Madras
- □ Madurai
- □ Mahé
- □ New Delhi
- □ Pondichéry
- □ Yanaon

D Les pays de l' Indochine*

Voici, dans l'ordre alphabétique, une liste de pays et de capitales. Classez les pays par ordre géographique (de l'ouest à l'est, ou du nord au sud), et attribuez à chacun sa capitale. Attention aux pièges...

- □ Birmanie
- □ Cambodge
- □ Kampuchéa
- □ Laos
- □ Malaisie
- □ Siam
- □ Thaïlande
- □ Union de Myanmar
- □ Vietnam
- □ Bangkok
- □ Hanoï
- □ Ho-Chi-Minh Ville
- □ Kuala Lumpur
- □ Louang-Prabang
- □ Pnom-Penh
- □ Rangoon
- □ Saïgon
- □ Vientiane

E L'Asie du sud-est et les pays insulaires*

Voici une liste de pays. Classez-les dans un ordre géographique, et attribuez à chacun sa capitale.

- □ Brunéi
- □ Indonésie
- □ Macao
- □ Bandar Seri Bagawan
- □ Jakarta
- □ Kuala Lumpur

* Les réponses et commentaires sont en p. 301.

- □ Malaisie
- □ Philippines
- □ Singapour
- □ Taïwan

- □ Macao
- □ Manille
- □ Singapour
- □ Taipeh

F L'Asie du nord-est ou Extrême-Orient*

Voici, dans le désordre, la liste des composantes géographiques, et une liste de villes.
Etablissez un classement géographique, puis la liste des Etats avec leur capitale.

- □ Archipel nippon
- □ Chine
- □ Corée du Nord
- □ Corée du sud
- □ Iles Aléoutiennes
- □ Japon
- □ Mongolie
- □ Péninsule de Corée
- □ Russie (partie extrême-orientale)

Liste de villes : Beijing, Canton, Chang-Chung, Fuschun, Nankin, Oulan-Bator, Pékin, Pyong-Yang, Séoul, Shangaï, Tokyo, Vladivostok, Wuhan.

G La Chine*

1 Superficie (arrondie à la centaine de milliers de km^2).

	Rang mondial	Proportion par rapport à la France
□ 600 000 km^2	□ 1	□ égale
□ 1 600 000 km^2	□ 2	□ double
□ 2 600 000 km^2	□ 3	□ triple
□ 6 600 000 km^2	□ 4	□ plus de 15 fois
□ 9 600 000 km^2	□ 5	□ plus de 17 fois

* Les réponses et commentaires sont en p. 302.

2 Population / Rang mondial / France

Population	Rang mondial	France
□ 50 millions	□ 1	□ Egale
□ 150 millions	□ 2	□ 2 fois
□ 500 millions	□ 3	□ 5 fois
□ 1,25 milliard	□ 4	□ 10 fois
□ 1,5 milliard	□ 5	□ plus de 20 fois

3 Etats limitrophes
A vous de les sélectionner, et de les classer dans un ordre rationnel.

Afghanistan	Birmanie	Boutan	Cambodge
Formose	Inde	Japon	Corée du sud
Corée du nord	Kazakhstan	Kirghizistan	Laos
Mongolie	Népal	Philippines	Russie
Tadjikistan	Taïwan	Vietnam	

4 Quelles sont les mers baignant les côtes de la Chine ? Classez-les du nord au sud.

□ Mer d'Aral	□ Mer de Chine septentrionale
□ Mer de Chine méridionale	□ Mer du Japon
□ Mer de Chine occidentale	□ Mer morte
□ Mer de Chine orientale	□ Mer Jaune

H Le Japon*

1 Quel est le premier nom sous lequel le Japon a été connu en Occident ?

□ Cipango ou Cipangu
□ Hip-hon ou Nip-hon
□ Jih pen Kwok

2 Voici, dans l'ordre alphabétique, la liste des principales îles du Japon. Effectuez-en deux classements :

– en fonction de leur superficie,
– du nord au sud.

* Les réponses et commentaires sont en p. 303.

□ Hokkaïdo
□ Honshu
□ Kyushu
□ Ryu-Kyu (archipel)
□ Shikoku

3 Superficie du Japon (arrondie à la dizaine de milliers)

	Proportion par rapport à la France
□ 80 000 km²	□ 20 %
□ 180 000 km²	□ 40
□ 380 000 km²	□ 50
□ 580 000 km²	□ 2/3
□ 880 000 km²	

4 Population du Japon

	Proportion par rapport à la France
□ 25 millions d'habitants	□ Egale
□ 50 millions	□ Plus de 2 fois
□ 75	□ 3 fois
□ 100	□ 5 fois
□ 125	

5 L'agression du Japon contre les Etats-Unis fut l'un des faits marquants de la Seconde Guerre mondiale. Retrouvez-en la date et le lieu

□ 4 juillet 1917	□ Alaska
□ 3 septembre 1939	□ Aléoutiennes
□ 10 mai 1940	□ New York
□ 7 décembre 1941	□ Pearl Harbor
□ 3 juillet 1942	□ San Francisco

6 Le Japon fut contraint à l'armistice par un bombardement atomique. Retrouvez-en la date et le lieu

□ 3 juillet 1942	□ Fuji Yama
□ 6 juin 1944	□ Hiroshima

□ 15 août 1944	□ Nagasaki
□ 6 août 1945	□ Tokyo
□ 9 août 1945	□ Yokohama

I Les pays d'Asie Centrale*

1 Parmi les pays suivants, cochez ceux qui font partie de l'Asie Centrale

□ Kazakhstan	□ Taiwan
□ Ceylan	□ Turkmenistan
□ Kirghizstan	□ Afghanistan
□ Ouzbekistan	□ Qatar
□ Tadjikistan	□ Ukraine

2 Parmi les capitales suivantes, cochez celles qui correspondent à un pays d'Asie Centrale, et associez-le au pays correspondant

□ Alma-Ata	□ Achkhabad	□ Bakou
□ Bichkek	□ Volgograd	□ Kharkov
□ Tachkent	□ Minsk	□ Douchanbé

* Les réponses et commentaires sont en p. 304.

8. L'Océanie et l'Antarctique

A L'Océanie*

1 Superficie des terres émergées, en millions de km²
0,5 □ 1 □ 2,5 □ 3 □ 5 □ 7 □ 9 □ 12

Proportion par rapport à la France :

□ 1/2
□ Egale
□ Double
□ Triple
□ Quintuple
□□ 15 fois

2 Population, en millions d'habitants
3 □ 5 □ 7 □ 9 □ 15 □ 17 □ 22 □ 30 □ 36

Proportion par rapport à la France :

□ 1/10 □ 1/5 □ 1/2
□ Egale □ Double

3 Composantes principales de l'Océanie

Voici, dans l'ordre alphabétique, les six composantes principales de l'Océanie. Il vous est demandé de les classer en deux catégories : les grands ensembles terrestres et les groupes d'archipels.

□ Australie
□ Mélanésie
□ Micronésie
□ Nouvelle-Guinée
□ Nouvelle-Zélande
□ Polynésie

* Les réponses et commentaires sont en p. 306.

4 Qui a découvert l'Océan Pacifique ?

□ Bougainville
□ Christophe Colomb
□ Commandant Cousteau
□ La Pérouse
□ Magellan
□ Vasco de Gama

5 Superficie du Pacifique

– Estimation en millions de km²
□ 8 □ 18 □ 48 □ 98 □ 180

– Proportion par rapport à la superficie du globe
□ 1 % □ 10 % □ 1/5 □ 1/3 □ 1/2

6 Quel est le point le plus bas du globe ?

Estimation au-dessous du niveau de la mer :

□ 500 m □1 500 m □ 3 000 m □ 7 500 m □ 11 500 m □ 15 000 m

7 Point culminant de l'Océanie

□ 3 700 m en Nouvelle -Zélande
□ 4 800 m dans les Alpes australiennes
□ 5 000 m en Nouvelle-Guinée
□ 6 700 m à Pago-Pago

(une seule bonne réponse, les autres sont fantaisistes).

8 Qu'appelle-t-on la « ceinture de feu » ?

la parure des plus belles femmes en Polynésie
– une coutume barbare des indigènes en Papouasie
– un ensemble d'îles d'origine volcanique
– une chaîne de bastions puissamment armés construite par les Japonais pendant la guerre, de 1941 à 1945

9 Nombre des langues locales en Papouasie

□ 1 □ 7 □ 17 □ 70 □ 700

10 Ville choisie pour accueillir les Jeux Olympiques en l'an 2000

□ Adélaïde	□ Auckland	
□ Melbourne	□ Nouméa	□ Port-Moresby
□ Sydney	□ Tahiti	□ Wellington

11 La France en Océanie. Voici une liste de dix îles, archipels ou Etats de l'Océanie. Cochez celles qui appartiennent à la France.

□ Australie	□ Papouasie
□ Nouvelle-Bretagne	□ Polynésie
□ Nouvelle-Calédonie	□ Samoa
□ Futuna	□ Wallis
□ Iles Salomon	□ Nouvelle-Zélande

12 Voici une liste de dix villes. Cocher celles qui sont françaises.

□ Adélaïde	□ Melbourne
□ Auckland	□ Nouméa
□ Brisbane	□ Papeete
□ Canberra	□ Port-Moresby
□ Mata-Utu	□ Sydney

B L'Antarctique*

1 Superficie du continent

	Proportion
□ 1 million de km^2	□ 2 fois la France
□ 2	□ 4
□ 3	□ 6
□ 5	□ 8
□ 7	□ 10
□ 13	□ 24

2 Distance des autres continents

□ Amérique du sud	□ 500 km
□ Océanie	□ 1 000

* Les réponses et commentaires sont en p. 311.

Nouvelle-Zélande, Australie
□ Afrique du sud

□ 2 000
□ 3 000
□ 4 000

3 Répartition des terres australes

Voici, dans l'ordre alphabétique, la liste des principales îles. Indiquez leur répartition géographique et la puissance possédante.

□ Amsterdam
□ Antipodes
□ Auckland
□ Bounty
□ Bouvet
□ Campbell
□ Crozet
□ Falkland
□ Géorgie du Sud
□ Heard
□ Kerguelen
□ Macquarie
□ Marion
□ Orcades du sud
□ Prince Edouard
□ Sandwich du sud
□ Saint-Paul
□ Shetlands du sud

Secteur géographique
□ *a* - Atlantique
□ *b* - Indien
□ *c* - Pacifique

Puissance possédante
I Afrique du sud
II Australie
III France
IV Grande-Bretagne
V Nouvelle-Zélande

4 Superficie du plus grand iceberg actuel

□ 300 km^2
□ 1 300 km^2
□ 5 300 km^2
□ 13 000 km^2

5 Point culminant du continent

□ Mont Erebus
□ Mont Kirckpatrick
□ Mont Sabine
□ Mont Sydney
□ Mont Vinson

□ 3 000 m
□ 3 400 m
□ 4 000 m
□ 4 200 m
□ 5 200 m

6 Proportion de l'eau douce par rapport à l'ensemble de la Terre

□ 0,6 %
□ 1,6 %
□ 6 %
□ plus de 60 %

9. Actualité mondiale *

Les épreuves de QCM comportent de plus en plus fréquemment des questions d'actualité, notamment dans les concours de catégories A. A l'écrit comme à l'oral, il faut être capable de bien traiter le thème de la mondialisation, et ses divers aspects d'actualité.

Pour étudier de façon approfondie ce thème fondamental, nous vous recommandons l'ouvrage de la même collection : *LA MONDIALISATION*.

Voici maintenant dix questions choisies pour vous tester dans le domaine de l'actualité internationale.

1 Qui est actuellement le Président de la République populaire de Chine ?

□ Zhu Rongji
□ Deng Xiaoping
□ Jiang Zemin

2 Est-ce que les élections présidentielles auront lieu aux Etats-Unis en l'an 2000 ?

□ oui □ non

3 L'Afrique du Sud est-elle actuellement présidée par un Prix Nobel ?

□ oui □ non

4 Trouvez le nom d'un Premier Ministre israélien assassiné ?

□ Menahem Begin □ Yitzhak Rabin
□ Shimon Peres □ Yitzhak Shamir

* Les réponses et commentaires sont en p. 313.

5 Pendant combien de temps le roi Hussein de Jordanie a-t-il été au pouvoir ?

□ 1 an □ 20 ans □ 30 ans □ 40 ans □ 50 ans

6 Quel Prix Nobel a pris la défense des paysans mayas opprimés au Guatémala ?

□ Alvaro Arzu
□ Miguel Angel Asturias
□ Vinicio Cerezo
□ Rigoberta Menchu
□ Jorge Serrano
□ Leon Carpio

7 Quelle est la région actuellement en rébellion au Mexique ?

□ Basse Californie
□ Chiapas
□ Sierra Madre
□ Chihuahua
□ Yucatan

8 Quelle est la principale zone de conflits entre l'Inde et le Pakistan ?

□ Bangladesh
□ Bhoutan
□ Cachemire
□ Népal

9 Quelles sont les deux ethnies qui s'opposent au Rwanda ?

□ Bantous □ Hutus □ Swazis
□ Tutsis □ Zoulous

10 Cochez les bonnes propositions concernant Boris Eltsine

□ Il est né à Iekaterinbourg (Sverdlovsk) en 1931
□ Il fut limogé du PCUS en 1987 en raison de ses attaques contre la Nomenklatura
□ Il fut élu président du Soviet suprême de Russie en 1990
□ Il fut le premier président de Russie élu au suffrage universel en 1991
□ Il fut renversé par le putsch d'août 1991 à Moscou

11 Est-ce que le Japon a encore un empereur ?

□ oui □ non

10. Actualité de la construction européenne*

Les questions sur l'Europe sont de plus en plus fréquentes lors des concours. Il vous faut notamment bien connaître maintenant les grandes lignes de la construction européenne.

A cette fin, nous vous recommandons l'ouvrage de la même collection : *EUROPE ET UNION EUROPÉENNE* par Jean-François Guédon et Sandrine Gélin.

Voici maintenant dix questions choisies pour vous tester en ce domaine.

1 Mettez dans l'ordre chronologique les traités ou accords suivants :

□ Amsterdam □ Maastricht
□ Rome □ Schengen

2 Où est situé Maastricht ?

□ Allemagne □ Belgique □ France
□ Pays-Bas □ Royaume-Uni

3 Selon vous, Schengen est :

□ une grande ville allemande
□ une station touristique belge
□ une petite localité luxembourgeoise
□ cette localité n'existe pas (c'est un nom de personne)

4 Quand est entrée en fonctions l'actuelle Commission européenne ?

□ 1995 □ 1996 □ 1997 □ 1998

* Les réponses et commentaires sont en p. 316.

Qui est son Président ?

☐ Sir Leon Brittan
☐ Manuel Marin
☐ Yves-Thibault de Silguy
☐ Edith Cresson
☐ Jacques Santer

5 Que signifie le sigle PESC ?

☐ politique économique et sociale communautaire
☐ politique énergétique et scientifique commune
☐ politique étrangère et de sécurité commune
☐ programme économique et social communautaire

6 Le nom prévu pour la monnaie européenne a-t-il toujours été l'Euro ?

☐ oui ☐ non

7 Quel est le nombre d'étoiles du drapeau européen ?

☐ 6 ☐ 10 ☐ 12 ☐ 15

8 Le chancelier allemand Helmut Kohl a été l'un des grands artisans de la construction européenne. Est-il toujours en fonctions ?

☐ oui ☐ non

9 Le travailliste Tony Blair a engagé le parti travailliste dans une voie plus européenne.
Quand est-il devenu premier Ministre du Royaume-Uni de Grande Bretagne ?

☐ 1993 ☐ 1995 ☐ 1997 ☐ 1999

10 Quand auront lieu les élections pour le Parlement européen ?

☐ 2000 ☐ 2001 ☐ 2002 ☐ 2003 ☐ 2004

Troisième partie

Réponses et commentaires

Réponses et commentaires

Histoire, Lettres et Arts

1. Les récits bibliques

1 *a* L'Ancien Testament est la Bible des Israélites. Le Nouveau Testament comprend les quatre Evangiles (selon Saint Matthieu, Saint Luc, Saint Marc et Saint Jean), les actes des Apôtres, les Epîtres et le texte de l'Apocalypse.

2 *c* Dieu demande à Abraham d'immoler son fils Isaac. Abraham, fidèle à Dieu, obéit. Dieu arrête son geste au moment où Abraham s'apprête à frapper son fils.

3 *b* Dieu, en colère, provoqua le Déluge, qui submergea la Terre. Il voulut épargner Noé et sa famille. Il ordonna à Noé de construire l'arche et d'y faire monter les siens, ainsi que des couples de tous les animaux.
L'arche d'Alliance est le coffre en bois imputrescible dans lequel les Hébreux conservaient les Tables de la Loi données par Dieu.

4 *a* Caïn et Abel sont les enfants d'Adam et Eve. Caïn tue son frère, car Dieu a préféré l'offrande d'Abel à la sienne.

5 *a* Moïse a vu Dieu lui apparaître sous la forme d'un buisson en feu, dans le désert. Dieu lui a ordonné de conduire les Hébreux hors d'Egypte. Poursuivis par Pharaon et son armée, Moïse et les Hébreux purent, pour leur échapper, traverser la mer Rouge à pied sec, Dieu ouvrant les flots devant eux. Moïse a également reçu de Dieu, sur le Mont Sinaï, les Tables de la Loi. Il a fait construire l'arche d'Alliance pour les recueillir.

6 *d* Les douze apôtres.

7 *b* L'appellation vient du mot latin « cena », qui signifie « repas ».

8 *b* Judas Iscariote a dénoncé le Christ pour trente pièces d'argent. Harcelé de remords, il s'est, ensuite, pendu.

9 *c* Pierre

10 *c* Le Mont Golgotha. Selon une tradition ancienne (très discutée), cette colline a été située au nord-ouest de Jérusalem, au lieu où fut élevée, au IVe siècle, la basilique du Saint-Sépulcre. Le Mont des Oliviers (800 m.) se trouve à l'est de Jérusalem. Les Evangiles y situent la dernière veillée et l'arrestation de Jésus.

L'Olympe est un massif montagneux du nord de la Grèce, aux confins de la Thessalie et de la Macédoine. Les Grecs ont donné le nom d'Olympe à plusieurs monts ou sommets. Dans la mythologie, c'est aussi la montagne sainte du polythéisme grec, abritant sur sa plus haute cime le palais de Zeus, où les dieux se réunissent pour délibérer et pour festoyer.

Le Mont Sinaï, dont le plus haut sommet dépasse 2 600 m, et la grande péninsule du même nom, se situent en Egypte, entre Israël et le Golfe de Suez.

2. Mythologie et légendes antiques

2A Les dieux et les déesses

1 *b* Cronos eut avec sa sœur, Gaia, six enfants dont Zeus est le benjamin.
Ouranos est le grand-père de Zeus. Poséidon est un de ses frères.

2 Aucune réponse n'est bonne : Aphrodite est née du contact entre le sang d'Ouranos et l'écume des flots. Aphrodite est donc la tante de Zeus.

3 *b* Athéna est sortie armée et casquée de la tête de Zeus. Sa mère est Mètis (l'intelligence).

4 *c* Hermès (Mercure), fils de Zeus et de la nymphe Maia, a pour symbole le caducée, bâton d'or autour duquel s'enroulent deux serpents (cf. l'enseigne des pharmacies). Le caducée symbolise la paix.

5 *a* Hadès (Pluton) est le frère de Zeus. Vulcain est son fils, dieu du feu et de la forge, difforme et boiteux. Lucifer est l'un des noms du diable selon la religion chrétienne.

6 *a* Artémis, qui est déesse de la lune et de la chasse. Déméter, sœur de Zeus, est déesse des moissons. Perséphone est la fille de Déméter.

7 *a-c-f* La foudre, l'aigle et le sceptre.

8 *b* Déesse du mariage, Héra, malgré de nombreux courtisans et les multiples conquêtes faites par son époux, reste fidèle à Zeus.

9 *c* Sous la forme d'un taureau blanc, Zeus s'est glissé dans le troupeau de boeufs que surveillait Europe, au royaume de son père, en Phénicie. Séduite par la beauté et la douceur de l'animal, Europe monta sur son dos. Zeus alors l'enleva et l'amena en Grèce. En hommage à cette belle princesse phénicienne, les Anciens auraient nommé Europe la partie du monde où Zeus emporta sa conquête.

10 *b* Pomona, nymphe protectrice des fruits dans la religion romaine.

2B La guerre de Troie

1 *b* Troie se situait en Asie Mineure, au Nord-Ouest de l'Anatolie, province de l'actuelle Turquie.

2 *b* Dix ans.

3 *a-d-e-f-h* Agamemnon est le chef suprême de l'armée grecque. Ménélas, son frère, le roi de Sparte, est le mari d'Hélène. Nestor est le chef grec le plus âgé, connu pour sa sagesse. Achille, au contraire, est le plus jeune des chefs grecs, et le plus fougueux. Il est tué par le Troyen Pâris, qui parvient à toucher son point faible, son talon. Ulysse est célèbre pour sa bravoure et sa ruse.

4 *a-b-c-h* Pâris, qui a enlevé Hélène, se bat aux côtés de ses frères pour défendre Troie. Hector, frère aîné de Pâris, est le plus grand des guerriers troyens, courageux, lucide et humain. Priam est le roi de Troie, père de Pâris et d'Hector.
Enée est le gendre de Priam, le beau-frère d'Hector et de Pâris.

5 *c* La pomme de discorde

6 *b* Hélène

7 *c* Agamemnon sacrifia sa fille, Iphigénie, ce que son épouse ne lui pardonna pas.

8 *c* Selon la légende, c'est Ulysse qui eut l'idée de cette ruse. Les Grecs feignirent d'abandonner le siège de Troie et de laisser le cheval en offrande à Poséidon, le dieu de la mer, pour un heureux retour. Les Troyens voulurent, eux aussi, s'attirer les faveurs du dieu.

9 *a* Agamemnon, tué par sa femme, fut vengé par ses enfants, Electre et Oreste, qui exécutèrent leur mère.

10 *b* Femme d'Hector, Andromaque devint l'esclave de Pyrrhus. Racine évoque son sort dans sa pièce *Andromaque*.

2C La Légende d'Ulysse

1 *a* Laërte est le père d'Ulysse
d Télémaque est le fils d'Ulysse
f Pénélope est la femme d'Ulysse
g est possible. Argos est le chien d'Ulysse. Après avoir attendu son maître vingt ans, il meurt lorsque ce dernier revient chez lui.

2 *c* dix ans, comme la guerre de Troie.

3 *c-f-g* Hercule, le devin Chalcas, le bélier à la toison d'or.

4 *a* Polyphème les avait enfermés dans sa grotte avec son troupeau de moutons. Pour sortir de cette prison, Ulysse et ses compagnons s'accrochèrent à la toison des animaux, car le cyclope, aveuglé, barrait néanmoins l'issue de la grotte.

5 *b* en pourceaux

6 *e* Calypso

7 *b* Athéna, déesse de l'intelligence, apprécie les ruses d'Ulysse et sa réflexion.

8 *c* La tapisserie ou la toile de Pénélope

9 *a* Selon la coutume antique de l'hospitalité, la nourrice lava les pieds de l'hôte de passage. C'est alors qu'elle aperçut la cicatrice.

10 *c* Le concours fut organisé à la fin d'un banquet, à la demande de Pénélope, poussée par la vieille nourrice à promettre d'épouser le vainqueur de l'épreuve. Ulysse avait imaginé ce plan pour s'emparer d'une arme.

3. *Histoire antique*

3A Histoire grecque

1 *c* La bataille de Marathon. Marathon est une ville, près de laquelle a eu lieu la bataille opposant Perses et Grecs commandés par l'Athénien Miltiade.
La légende dit que le soldat est mort d'épuisement juste après avoir délivré son message.
Si Marathon a donné son nom à une épreuve sportive, elle reste aussi le symbole de la résistance grecque à tout envahisseur.

2 *a* Athènes

3 *b* Sparte

4 *c* Périclès. Il est mort en -429 (la guerre avait commencé deux ans auparavant). Il fut emporté par une épidémie.

5 *b* Le Parthénon, temple le plus célèbre de la Grèce, situé, à Athènes, sur l'Acropole.

6 *b* Socrate. Détesté de la plupart des hommes au pouvoir, qui craignaient son influence, Socrate fut condamné en -399. Il accepta la mort sans faiblir et but le verre de ciguë que lui tendait le bourreau.

7 *a* Platon. L'école de Platon, à cause de son emplacement, était appelé l'Académie.

8 *c* Aristote

9 *c* La région du fleuve Indus. Ce fleuve coule à l'Est du Pakistan. La tradition affirme même qu'Alexandre traversa l'Indus et infligea une lourde défaite au roi indien Poros.

10 *a* 33 ans. Il est mort à Babylone, emporté par une maladie. A sa mort, son empire fut partagé entre ses généraux.

3B Histoire romaine

1 *b* Romulus et Remus
Ils étaient frères jumeaux. Seul Romulus, cependant, est le vrai fondateur de Rome. Selon la légende, au moment de fonder la nouvelle cité, les deux frères se disputèrent et Romulus tua Rémus.

2 *a* Hannibal. Adulé de ses troupes, qui l'auraient suivi n'importe où, Hannibal parvient en quelques mois à faire passer son armée du Sud de l'Espagne au Nord de l'Italie, en passant par la Gaule et en franchissant le massif alpin. Surpris par cet itinéraire inattendu, les Romains mirent du temps à organiser leur défense.

3 *c* Cicéron

4 *a* Le forum

5 *b* Vercingétorix. Eduqué par les Druides, Vercingétorix avait de l'éloquence et de l'autorité. Il sut, pendant quelques mois, garder unis des Gaulois qui ne s'aimaient guère.

6 *c* Caius. Comme la plupart des Romains, César porte trois noms : son prénom, son nom de famille, son surnom : Caius est son prénom, Julius son nom de famille, César son surnom. Par la suite, Jules, comme Marius ou Cornélius, est devenu un prénom.

7 *a* Pompée. Pompée perdit la guerre civile, et César prit le pouvoir.

8 *c* L'empereur Auguste. Augustus est le titre que le Sénat a donné à Octave. Augustus signifie : «qui détient un pouvoir moral et religieux».

9 *b* Néron.
Aujourd'hui, les historiens ne sont plus certains de l'explication à donner. Car de nombreuses habitations romaines étaient en bois ; des incendies partaient fréquemment, que l'on ne pouvait pas toujours éteindre facilement.
D'autre part, les Romains n'aimaient guère les Chrétiens : ils ont pu les accuser spontanément. Il reste que Néron est un empereur peu recommandable.

10 *a* Sénèque. Adulte, Néron fit en sorte de mêler le nom de Sénèque à un complot. Puis il accusa son maître de trahison et lui ordonna de se suicider. Sénèque obéit.

4. Le Moyen-Age

4AI La chanson de Roland

1 *a* Au VIIIe siècle. Peut-être né en 742, Charlemagne devient roi des Francs en 768, puis empereur d'Occident en 800.

2 *c* Le neveu de Charlemagne. Roland, en fait, était l'un des chevaliers de l'empereur, le comte de Bretagne.

3 *a-e-f* L'évêque Turpin, Olivier, Roland. La Boétie fut l'ami de Montaigne. Gauvain et Mordred sont des personnages de la légende du roi Arthur.

4 *a* Ganelon. Fénelon est un auteur français du XVIIe siècle. Un félon est un traître.

5 *c* Au col de Roncevaux.

6 *b* Les Sarrasins.

7 *b* L'arrière-garde de l'armée.

8 *c* Durandal. Bucéphale est le cheval d'Alexandre le Grand. Excalibur est l'épée du roi Arthur.

9 *a* De l'olifant.

10 *c* Aude. C'est la sœur d'Olivier.

4AII Les aventures des chevaliers de la Table Ronde

1 *a* Au VIe siècle.

2 *b* Camaalot

3 *b* Lancelot

4 *a* Guenièvre

5 *c* Merlin, l'enchanteur, c'est-à-dire druide doté de pouvoirs spécifiques.

6 *a* La fée Morgane. Le terme « fée » désigne une femme possédant, elle aussi, des pouvoirs particuliers.

7 *b* Le Graal. Le Graal est un objet symbolique mystérieux. Dans les légendes celtes, il semble que ce soit un chaudron magique, une sorte de corne d'abondance.
Dans les récits du Moyen-Age, le christianisme a changé la nature de l'objet : le Graal paraît être la coupe dont s'est servi Jésus lors de la cène et dans laquelle fut ensuite recueilli le sang du Christ.

8 *a* Galaad. Fils de Lancelot, il est l'image du chevalier parfait, ce que son père, trop amoureux de la reine, n'a pu devenir.

9 *c* Lancelot se retire dans un monastère tandis que la reine Guenièvre, hantée par le remords, entre au couvent.

10 *c* Il est tué par son fils. Passant pour le neveu du roi, Mordred est, en fait, son fils illégitime. Au cours du duel, les deux hommes s'entretuent. L'âme d'Arthur gagne l'île des bienheureux, appelée aussi Avallon ou Inys Wytryn, l'île de verre, sorte de paradis celte.

4B Les célèbres poètes lyriques du Moyen-Age

Voici, dans l'ordre chronologique, les poètes qui écrivent au Moyen-Age.

Bernard de VENTADOUR (deuxième moitié du XIIe siècle) :

Fils de domestiques, c'est le plus célèbre des troubadours. Protégé par Aliénor d'Aquitaine, reine de France, puis d'Angleterre, il compose en langue d'oc des poèmes aux thèmes personnels.

RUTEBEUF (deuxième moitié du XIIIe siècle) :

Poète à la vie presque inconnue, il a notamment composé le poème célèbre : « Que sont mes amis devenus ? »

Christine de PISAN (vers 1364-1431) :

C'est la première femme écrivain française (avec Marie de France). Veuve à 25 ans, avec trois enfants, elle choisit de prendre son existence en main et « de gagner sa vie » par elle-même. Son goût pour les études et la littérature l'amène au métier d'écrivain.
Si elle compose des ouvrages de commande, elle crée aussi de nombreux poèmes lyriques (notamment des ballades) au ton très personnel, autour du thème de la solitude.

Charles d'ORLÉANS (1391-1465) :

« prince-poète », duc d'Orléans, il a écrit de nombreux poèmes d'amour pendant sa captivité en Angleterre, après la bataille d'Azincourt. Il mène le rondeau à son apogée.

François VILLON (vers 1431- après 1463) :

Poète à la vie mouvementée, mais très méconnue, il est l'auteur de la célèbre *Ballade des Dames du Temps jadis*.

– Clément MAROT et RABELAIS composent au XVIe siècle.
– Victor HUGO écrit au XIXe siècle.
– Anna de NOAILLES (1876-1933) a une poésie d'inspiration néo-romantique.
– Charles de BOURBON n'est pas un poète.

4C Les principaux rois de France du Moyen-Age (du Vᵉ au XVᵉ siècle)

1 *b* La chute de l'empire romain, en 476, et la conquête de Constantinople par les Turcs en 1453.

2 *a* Clovis. Né en 461, Clovis a régné à partir de 481 et mourut en 511.

3 *b* Charlemagne. Né en 742, Charlemagne règne à partir de 768, d'abord sur le royaume des Francs. Puis, grâce à de nombreuses conquêtes, il construisit un véritable empire européen. Il est mort en 814.

4 *c* Berthe au grand pied, ou Bertrande de Laon, l'épouse de Pépin le Bref.

5 *b* Aix-la-Chapelle. C'est dans cette ville de l'actuelle Allemagne (près des frontières belge et néerlandaise) que mourut Charlemagne.

6 *a* Hugues Capet a été élu roi, en 987, par les grands seigneurs du royaume. Il est mort en 996.

7 *b* Richard Cœur de Lion, le roi dont les héros de *Robin des Bois* attendent le retour. La Croisade amène très vite la brouille entre les deux rois.

8 *b* Louis IX. Né en 1214, il régna à partir de 1226. Le roi, malgré de nombreux ennemis à l'intérieur ou à l'extérieur du royaume, a gouverné avec justice et sagesse. Il incarnait, pour son époque, l'idéal chrétien le plus pur. Une fois le roi mort en 1270, le pape Boniface VIII le donna en exemple à la chrétienté en le canonisant, en 1297.

9 *c* Blanche de Castille. Lorsque son époux, le roi, meurt, Blanche assume la régence : son fils, le futur Saint-Louis, n'a que onze

ans. Cette femme sut résister fermement à la révolte des grands seigneurs français menée par le duc de Bretagne, alliée au roi d'Angleterre Henri III.
Elle sut aussi toujours conseiller son fils avec clairvoyance et réflexion.

10 *c* A Carthage. Saint-Louis s'était embarqué, avec ses troupes, pour la Huitième Croisade. La peste a ravagé les armées et tué le roi.

11 *a* Philippe IV le Bel. Né en 1268, il régna à partir de 1285, et mourut en 1314. Il organisa l'Etat et, surtout, son administration, grâce au travail de légistes comme Guillaume de Nogaret ou Enguerrand de Marigny. Ces hommes créèrent le Parlement, divisé en quatre cours de justice, le Conseil royal, la Chambre des Comptes et la Chancellerie.

12 *b* L'ordre des Templiers. L'ordre des chevaliers du Temple fut créé en 1119 pour protéger les pèlerins chrétiens en Terre sainte. Il s'enrichit rapidement grâce à de nombreux dons et était devenu, sous Philippe le Bel, la source de financement du roi de France et du Pape.

13 *b* Charles VII.

14 *c* Charles le Téméraire. Outre la Bourgogne, Louis XI acquit aussi certaines villes de la Somme.

15 *a* Il s'est violemment cogné la tête, le 8 avril 1498, à une porte du château d'Amboise.

5. *Le XVIe siècle*

5A Un siècle de fureur et de nouveauté

1 *b* *Les guerres d'Italie*
Entreprises dès 1494 par Charles VIII, les guerres se poursuivirent sous Louis XII et François Ier. Elle durèrent jusqu'en 1559.

2 *c* *Les guerres de religion*
Elles durèrent de 1562 à 1598.

3 *a* *Affrontements entre Catholiques et Protestants.*
Critiquant certains comportements et certaines idées du clergé, les Protestants ont demandé la réforme de l'Eglise. Le refus de cette dernière a conduit à l'affrontement sanglant entre les partisans des deux courants.

4 *b* Résolu à mettre fin aux guerres de religion, Henri III entama des négociations avec les Protestants. Il fut assassiné en 1589 par le moine Jacques Clément.

5 *c* *La Renaissance*
Les échanges nombreux avec l'Italie dès le XVe siècle et les guerres menées ensuite dans ce pays firent connaître aux Français la civilisation italienne.

6 *a* Léonard DE VINCI

7 *b* Le château de Chambord
Le roi participa à l'élaboration du plan du château, fit appel, pour le réaliser, aux meilleurs techniciens et artistes, dont, probablement, Léonard de VINCI.

8 *b* Parce que cela touchait à l'homme, les Anciens ont rapidement cherché à expliquer les phénomènes naturels, les maladies, les guerres, les réactions humaines, sans se contenter de dire : « Les dieux l'ont voulu. » Ainsi, ils ont inventé et développé les sciences (médecine, physique, astronomie…)

9 *e* L'abbé PREVOST : auteur du XVIIIe siècle (*Manon Lescaut* est son plus célèbre roman).

10 *a* Grec et latin, hébreu et arabe. Tous les humanistes européens s'intéressent à ces langues, qui permettent un contact direct avec les textes les plus anciens de l'humanité.

5B François Rabelais (1494-1553)

1 *b* Il est né, dit-on, au manoir de la Devinière.

2 Il ne faut donner aucune réponse, car aucune réponse n'est bonne. Rabelais a exercé toutes ces activités. D'abord moine franciscain, à Fontenay-le-Comte, il change d'ordre. Moine bénédictin en l'abbaye de Maillezais, il est secrétaire de son abbé. Il abandonne la vie monastique et devient médecin.

3 *c* Londres
f Amsterdam
h Madrid

4 *c* La Sorbonne a désavoué officiellement Rabelais. Mais l'auteur a continué d'écrire.

5 *c* Anagramme de François RABELAIS.

6 Les bonnes réponses sont b, e, f, g. Les autres sont mauvaises.
a Panurge est un personnage de Rabelais.
c *L'Eloge de la folie* est une œuvre d'Erasme.
d *Les Amours* sont un recueil de Ronsard.
h *Le Sixième Livre* n'existe pas.

7 *b* GARGANTUA est le père de PANTAGRUEL.

8 *c* Ce sont de bons géants.

9 *a-d-e-f-g*

Gargamelle est la mère de Gargantua. Elle a mis son fils au monde par l'oreille.
Pantagruel, fils de Gargantua, est le héros de quatre livres de Rabelais.
Les Andouilles vivent sur l'île Farouche, où Pantagruel aborde, pendant un voyage. Elles prennent le géant pour leur pire ennemi, l'attaquent et subissent de nombreuses pertes, jusqu'à ce qu'elles se rendent compte, enfin, de leur erreur.
Panurge est l'ami de Pantagruel.
Les habitants des îles Tohu et Bohu accueillent Pantagruel lors d'une étape du géant.

A exclure : les Schtroumpfs (personnages de la bande dessinée de Peyo), le philosophe Pangloss (personnage de Voltaire dans Candide).

10 *b* Rabelais affirme ne rechercher que la distraction de son public. Il vaut mieux, dit-il, traiter un sujet amusant qu'un sujet triste. Car « rire est le propre de l'homme. »

5C Les poètes de la Pléiade

1 *b* En Italie, le sonnet fut surtout utilisé par Pétrarque, au XIVe siècle. Pétrarque a beaucoup influencé les auteurs français.

2 *c* Ils étaient sept

3 *h* Ecrivain protestant, Agrippa d'Aubigné a composé à la fin du XVIe siècle et au début du XVIIe siècle. Son œuvre la plus connue, *Les Tragiques*, dépeint les guerres de religion.

4 *b* (Pénalisation pour c, qui est un clin d'œil à l'actualité et à un sympathique Ministre défenseur de la langue française.)

5 *c* De surdité partielle

6 *c* Du Bellay part pour Rome en 1553, comme secrétaire de son oncle Jean, cardinal diplomate.

7 *b* *Les Regrets*
Le recueil fut publié en 1558.

8 *c* De surdité partielle.

9 *a* Cassandre
d Hélène
e Marie
Il s'agit de Cassandre Salviati et d'Hélène de Surgères, deux dames de la cour. Marie est une paysanne de l'Anjou.

10 *a* Extrait d'un sonnet pour Hélène, publié dans *Les Amours*.
c Extrait d'une ode à Cassandre.
(le vers **b** est de du Bellay ; le **d** est de Verlaine.)

5D Montaigne et la fin du siècle

1 *c* La région de Bordeaux est célèbre par ses trois grands M : Montaigne, Montesquieu et Mauriac.

2 *a* Le père de Montaigne interdit à son entourage de parler à son fils en français. Il fallait ou se taire ou parler latin à l'enfant.

3 *b* Même après la mort de La Boétie, en 1563, Montaigne est resté fidèle à son ami et célébra son souvenir.
(Georges BRASSENS leur a rendu hommage dans sa célèbre chanson « Les copains d'abord »).

4 *b* Montaigne reconnaît que le cœur a des élans inexplicables de façon claire.
Cette phrase a été souvent reprise en de multiples circonstances...

5 *b-d-f* Montaigne a fait des études de droit. Il fut magistrat, maire de Bordeaux (par deux fois), conseiller au Parlement de Bordeaux.

6 *c* *Les Essais*.

7 *a* Montaigne aménagea cette tour en lieu de travail, en réservant, notamment, un étage à sa bibliothèque.

8 *c* Dans le chapitre I-31 des *Essais*, intitulé « Des Cannibales ».

9 *b* Montaigne affirme qu'un honnête homme doit participer aux événements de son pays, mais avec un esprit ouvert et conciliant.

10 *a* Roi de Navarre et protestant, le futur Henri IV dut se convertir au catholicisme avant de devenir roi de France (cf. « Paris vaut bien une messe. »)

6. Le XVIIe siècle

6A Corneille (1606-1684)

1 *b* Rouen

2 c Avocat

3 c Auteur très créatif, Corneille fut toujours à la recherche de la nouveauté. Il écrivit des comédies, dont la pièce baroque, *l'Illusion comique*, des tragédies et des tragi-comédies (des pièces au ton tragique, mais qui se terminent sans mort). *Le Cid* est une tragi-comédie.

4 *d* Corneille est l'auteur d'une trentaine de pièces.

5 *b* De Racine
c-e De Molière
Horace et *Polyeucte* sont de célèbres tragédies de Corneille.
Tite et Bérénice est l'une des ses dernières œuvres.

6 *a* Rodrigue

7 c Chimène

8 *b* Le père de Rodrigue, insulté par le père de Chimène, demande à son fils de réparer cet affront. Au cours du duel qui s'ensuit, Rodrigue tue le père de Chimène.

9 c L'honneur et l'amour
Rodrigue, comme tout héros cornélien, choisit l'honneur, et se bat en duel.

10 *a* L'empereur Auguste

6B Molière (1622-1673)

1 *b* Le tapissier du roi fait les meubles usuels, garnitures de lit, rideaux, fauteuils destinés aux châteaux du roi. Il répare et également entretient ces meubles.

2 *a* Avocat

3 *a* L'Illustre Théâtre
La troupe réunit notamment Molière et la famille Béjart, frère et sœurs (Joseph, Madeleine, Geneviève et Armande).

4 Aucune réponse n'est acceptable. Molière exerçait ces quatre activités.

5 *c* *Les Précieuses Ridicules* (pièce donnée en 1659).

6 *b* Héros du *Capitaine Fracasse* de Théophile Gautier.
c Cyrano de Bergerac fut un contemporain de Molière mais jamais un de ses personnages.
f Louis Aragon est un poète français du XXe siècle. Il ne faut pas le confondre avec Harpagon, héros de l'Avare.

7 *b* Molière a voulu dénoncer l'hypocrisie.

8 *b* *Le Bourgeois Gentilhomme.*
Molière a travaillé avec l'un des plus célèbres compositeurs de ce temps : Jean-Baptiste Lully. La pièce présente des ballets, des chants, à la mode turque.

9 *a* Il était phtisique, ce qui le gênait dans son travail d'acteur, où la respiration compte beaucoup.

10 *c* *Le Malade imaginaire*. Molière s'est épuisé à vouloir jouer à tout prix, pour ne pas annuler la représentation.

6C Jean Racine (1639-1699)

1 *a* Dans la mythologie et l'histoire antiques. Pour Racine, l'éloignement dans le temps permet au spectateur de prendre du recul et de mieux réfléchir à ce qu'il voit.

2 *b* La troupe de Molière a joué *La Thébaïde* et *Alexandre*. Racine, ensuite, a brutalement retiré ses textes à Molière, qui ne le lui pardonna pas.

3 *a* Corneille. Une jalousie oppose les deux dramaturges.

4 *c* Phèdre est l'épouse du roi Thésée.

5 *a* Il s'agit d'Hippolyte, le fils de Thésée, né d'un premier mariage. Phèdre se sent coupable de son amour, mais ne peut l'étouffer.

6 *c* Unité de temps, unité de lieu, unité d'action.

7 *b* *Les Plaideurs*. Racine s'amuse aux dépens des juges et de la justice. Vu le peu d'humour de Louis XIV, il valait mieux ne pas créer de pièce sur le sujet c.

8 *b* Historiographe du roi, poste très envié. Racine fut chargé de raconter les grandes actions du monarque.

9 *c* Françoise d'Aubigné, marquise de Maintenon, fut, après la mort de la reine, épousée en secret par Louis XIV.

10 *c* Racine a écrit une douzaine de pièces.

7. *Le XVIIIe siècle*

7A Les écrits philosophiques

1 *c* La raison est la valeur suprême des philosophes, la source de lumière qui les éclaire dans leurs recherches.

2 *b-c-f-h* Montesquieu, Diderot, Voltaire, Rousseau.

3 *a* *Les Lettres persanes*. Les héros étrangers des *Lettres persanes* se nomment Usbek et Rica.

4 *c* Le règne de Louis XIV. Le roi meurt en 1715. Critiquer Louis XIV, par l'intermédiaire de ses héros, permet à Montesquieu de condamner la monarchie absolue.

5 *b* Les philosophes désirent voir la monarchie parlementaire établie en France, comme elle existe en Angleterre. Ils souhaitent le règne d'un souverain qui serait guidé par les lumières de la raison et l'enseignement des philosophes. Ce souverain ne disposerait que d'une autorité limitée par le pouvoir d'un Parlement. Seul Rousseau souhaite la démocratie.

6 *a* Jean Calas, un protestant, fut exécuté en 1762. La justice le reconnut coupable d'avoir tué son fils, qui souhaitait se convertir au catholicisme. En fait, le procès fut bâclé et les preuves n'étaient pas solides.
Voltaire, dans le *Traité sur la Tolérance*, paru en 1763, démontre les incohérences du procès, dénonce les préjugés des juges contre les Protestants.
En 1764, le jugement est cassé.
En 1765, Jean Calas est réhabilité. C'est une victoire pour Voltaire et les philosophes.

7 *b* Le conte philosophique est un récit bref, où Voltaire met souvent en scène un héros qui découvre le monde : ses expériences contribuent à former sa réflexion et sa personnalité. *Zadig*, *Micromégas* et *Candide* sont les principaux contes philosophiques de Voltaire.

8 *c* *L'Encyclopédie*
Cet ouvrage, qui affirme dans chaque article la supériorité de la raison, fut attaqué par les Jésuites, plusieurs fois condamné. Diderot fit de la prison. Néanmoins, l'*Encyclopédie* fut publiée de 1751 à 1772. Elle comprend une quinzaine de volumes.

9 *a* *Du Contrat social*
La sensibilité profonde de Rousseau lui fait haïr la société de son temps. Il demande le retour de l'homme à l'état naturel, et conçoit une société nouvelle, idéale. *Du Contrat social* est publié en 1762.

10 *b* La Déclaration des droits de l'homme et du citoyen. Le texte expose « les droits naturels, inaliénables et sacrés de l'homme », vise à l'établissement du « bonheur de tous ».

7B Le Théâtre au XVIIIe siècle

1 *b* Le marivaudage désigne la galanterie délicate des personnages de Marivaux. Ces derniers, souvent surpris par l'amour et cherchant, consciemment ou inconsciemment, à y résister, se livrent à un jeu de feintes et d'esquives, afin de cacher à l'autre leurs véritables sentiments.

2 *c* *Le Fils naturel* est une pièce de Diderot
e *La Famille Adams* est une oeuvre cinématographique et télévisuelle célèbre.

3 *a* Voltaire, vexé, sera, cependant, élu à son tour quelques années plus tard.

4 *b* Un opéra. Il s'agit du *Devin du village*, créé en 1752. L'œuvre eut un succès immédiat à la Cour. Rousseau est un musicien de talent.

5 c *Le Barbier de Séville*
f *Le Mariage de Figaro*
(les derniers titres sont éminemment fantaisistes)

6 c Il est valet du comte.

7 c Beaumarchais dénonce ici le pouvoir que les grands seigneurs possédaient sur leurs gens. Figaro, par son intelligence, sauvera son mariage avec Suzanne, sa fiancée.

8 *b* *Les Noces de Figaro* sont créées en 1786. La pièce de Beaumarchais, *Le Mariage de Figaro*, est de 1784.

9 c *Le Barbier de Séville*. Le titre de l'œuvre n'a pas changé.

10 *a* Agent secret du roi. A partir de 1774, Beaumarchais fut chargé de plusieurs missions secrètes en Europe, pour le compte du roi. Il employa de nombreux déguisements et pseudonymes.

7C Le roman au XVIIIe siècle

1 *a* On abrège souvent le titre en *Manon Lescaut*. La réponse **c** pourrait résumer une partie de la vie de Prévost, mouvementée et scandaleuse.

2 c Le voyage « exotique », aux Amériques surtout, est à la mode au XVIIIe siècle.

3 c *Paul et Virginie* paraît en 1788.

4 *a* On abrège le titre en *Jacques le Fataliste*.

5 *b* Au lecteur de choisir, parmi les trois fins proposées par Diderot, celle qu'il préfère.

6 *c* Le titre complet du roman est *Julie ou la Nouvelle Héloïse*. Rousseau veut rappeler les amours du philosophe Abélard et de son élève, Héloïse, qui ont marqué le Moyen-Age. Séparés, les amants échangèrent une correspondance demeurée célèbre. Dans le roman de Rousseau, Julie est l'élève de Saint-Preux.

7 *b* Le romantisme. Certains critiques littéraires voient en Rousseau un « pré-romantique ».

8 *a* Laclos.
b Est le véritable nom de Beaumarchais.
c Est inventé.

9 *b* Capitaine d'artillerie à cette époque, Laclos deviendra général.

10 *a* Valmont reste le modèle du libertin.

NB : Le texte le plus célèbre du XVIII*e siècle, notre* Déclaration des Droits de l'Homme et du Citoyen, *est étudié et reproduit intégralement dans le Tome 4 de cette collection : QCM Institutions françaises.*

8. *Le XIXe siècle*

8A Les romans du XIXe siècle

1 *b* Chateaubriand, qui est aussi l'auteur des *Mémoires d'outre-tombe*.

2 *b-d-e-g*
Notre-Dame de Paris ; *Les Misérables* ; *Quatre-vingt-treize* ; *L'Homme qui rit*.

3 *a* Jean Valjean, héros du roman *Les Misérables*.

4 *c* Gavroche.

5 *f* 91 romans exactement. Balzac avait prévu d'en écrire 137.

6 *b* *Le Père Goriot*. Le jeune Eugène de Rastignac apprend, dans ce roman, à connaître la société parisienne.

7 *b* Il s'agit du rouge de certains uniformes et du noir de la soutane. Carrière militaire et carrière ecclésiastique étaient les plus prisées sous l'Ancien Régime, et au début du XIXe siècle encore.

8 *c* Julien Sorel.

9 *a* *Madame Bovary*.

10 *b* Le père de Zola était un ingénieur italien.

8B La poésie du XIXe siècle

1 *a-2* Lamartine publie *Méditations poétiques* en 1820. C'est, traditionnellement, à cette date que l'on fait « commencer » le romantisme.
b-3 Musset, *Les Nuits*.
c-4 Vigny, *Les Destinées* (recueil posthume).
d-1 Nerval, *Les Chimères*.

2 *b* L'automne, saison du déclin, de l'entrée dans la mort, correspond parfaitement à la mélancolie romantique.

3 *b* Lamartine fut, tour à tour, conseiller général, député, ministre (des Affaires étrangères, en 1848, sous la seconde République). Il fut même candidat à la présidence de la République.
c Hugo fut nommé, en 1845, à la chambre des Pairs, puis élu député en 1848. En 1870, il défend la Commune de Paris.

4 *c-d* Titres inventés.

5 *c* A une maladie mentale. Nerval fut, à plusieurs reprises, soigné à la clinique du Docteur Blanche, où Maupassant séjourna aussi. Mais les crises ne cessèrent pas. Nerval est mort à l'âge de 46 ans.

6 *a* *Les Fleurs du Mal*

7 *c* La condamnation du livre affecta gravement Baudelaire, déjà malade. Le poète fut obligé de réécrire son recueil.

8 *b* Arthur Rimbaud (1854-1891).

9 *a* Rimbaud, poète précoce, composa ses œuvres très jeune : *Le Bateau ivre* à 17 ans ; *Une saison en Enfer* à 19 ans ; *Les Illuminations* à 20 ans. Puis il choisit de se taire, peut-être pour donner plus de valeur à sa poésie, si rare, plus de mystère à sa vie.

10 *c* Verlaine souhaite une poésie où dominent sensibilité auditive et sensibilité visuelle, toute en délicatesse et nuances.

8C Le Théâtre du XIXe siècle

1 *c* Au théâtre classique
Les Romantiques critiquent, en particulier, la règle des trois unités, qui aboutit, selon eux, à rendre l'histoire invraisemblable (tout se passe en un endroit, en un seul jour).

2 *b* La liberté de création.
Les Romantiques voient dans les règles classiques un carcan étouffant et insupportable. Ils veulent pouvoir donner libre cours à leur imagination.

3 *b* *Hernani*
Hernani est un proscrit, amoureux et révolté, héros romantique par excellence.

4 *a* *Ruy Blas*

5 *c* *La Folie des Grandeurs*, avec Louis de Funès et Yves Montand. C'est une comédie habile et enlevée, qui se moque gentiment du drame de Victor Hugo.

6 *a* *Lorenzaccio*

7 *b* Cœur pur, en réalité, Lorenzo a sacrifié son honneur pour essayer de sauver Florence. Il assassine effectivement Alexandre, mais la cité ne réagit pas : c'est un autre Médicis qui prend le pouvoir.

8 *a* Ubu. La pièce s'intitule *Ubu-roi.*

9 *c* Ambassadeur de France, à Tokyo, Washington, Bruxelles.

10 *b* La sculpture. Elle fut l'élève et la maîtresse de Rodin.

9. Le XXe siècle

9A La poésie

1 *b* *Alcools*

2 *a* Les règles de la ponctuation. Apollinaire ne ponctue pas ses poèmes, pour laisser chaque lecteur libre d'associer les mots à sa guise et d'interpréter le texte comme il l'entend.

3 *c* *Mon Rêve familier* est de Verlaine.

4 *b* La réalité qui existe au-delà de ce que l'on perçoit tous les jours. Pour les surréalistes, existent, en quelque sorte, deux réalités : l'une logique, qui s'offre habituellement à l'homme commun ; l'autre, poétique, intuitive, qui est masquée par les apparences ordinaires. Il appartient à l'artiste de percevoir cette autre réalité, et de l'exprimer.

5 *a* André Breton. Il a écrit, en 1924, le premier *Manifeste du Surréalisme*, où il définit ce mouvement artistique nouveau.

6 *b* Philippe Soupault fut coauteur, avec Breton, des *Champs magnétiques*, en 1920.
c Robert Desnos.
d-e Paul Eluard et Louis Aragon quittèrent rapidement le mouvement.

7 *b* Paul Eluard, dans son recueil *L'Amour la poésie*. Le vers est resté le symbole de la liberté du poète vis-à-vis de la réalité ou de l'emploi des mots.

8 *c* Boris Vian est l'auteur de la chanson *Le Déserteur*, et celui du roman surréaliste *L'Ecume des jours*.

9 *a* Léopold Sedar Senghor.

10 *b* Aimé Césaire.

9B Le théâtre

1 *a* Georges Courteline est, en particulier, l'auteur de *Messieurs les Ronds-de-cuir*, qui caricature les fonctionnaires.
c Georges Feydeau excelle dans le vaudeville et ridiculise la médiocrité des bourgeois de son temps.

2 *c* *La Guerre de Troie n'aura pas lieu*.
Diplomate de carrière, Giraudoux a assisté de près à la préparation puis au déclenchement de la crise internationale qui a mené à la Deuxième guerre mondiale.

3 *a* Antigone ; c'est aussi le titre de la pièce. Donnée en 1944, l'œuvre peut symboliser le refus de la Résistance devant l'occupation allemande et le pouvoir de Vichy.

4 *b* *Huis-Clos*. Sartre montre que c'est le regard des autres sur nous, leur jugement, qui rend la vie insupportable. « L'Enfer, c'est les autres ».

5 *a* Eugène Ionesco, né en 1912, mort en 1994.

6 *c* *La Cantatrice chauve*. La pièce est intitulée ainsi parce qu'aucune cantatrice n'y apparaît.

7 *a* *La Leçon*

8 *b* Irlandaise. Il est né à Dublin et compose en langue française comme en langue anglaise.

9 *c* *En attendant Godot*, pièce créée en 1953.

10 *a-c-d* Antoine Vitez-Patrice Chéreau-Roger Planchon. Jean-Baptiste Poquelin est Molière. Jean-Luc Godard est un metteur en scène de films cinématographiques.

9C Le roman

1 *b* Marcel Proust

2 *a* François Mauriac
c Est le titre d'un autre roman de Mauriac.

3 *c* Il était pilote d'avion (pilote de ligne et pilote d'essai).

4 *c* *Courrier Nord* n'est pas un roman de Saint-Exupéry.

5 *b* Albert Camus. Cet écrivain obtient le prix Nobel de littérature en 1957. Il meurt en 1960, dans un accident de voiture.

6 *c* *La Jalousie*

7 *a-2* Patrick Modiano, Prix Goncourt 1978 pour *Rue des Boutiques obscures*.
b-4 J.M.G. Le Clézio, Prix Renaudot 1963 pour *Le Procès-verbal*.
c-1 Yann Queffélec, Prix Goncourt 1985 pour *Les Noces Barbares*.
d-3 Tahar Ben Jelloun, Prix Goncourt 1987 pour *La Nuit Sacrée*.

8 *a* Arsène Lupin

9 *b* Georges Simenon

10 *a* Pierre Boulle est, en particulier, l'auteur de *La Planète des Singes* (1963).
e René Barjavel est l'auteur de *La Nuit des Temps* (1968).

Réponses et commentaires

Le Monde actuel

1. Les données géopolitiques fondamentales

1 La superficie des terres émergées est de près de 150 millions de km^2.
Vous découvrirez plus loin dans cet ouvrage la superficie des continents et celle des principaux pays qu'il vous faut connaître.

2 La population totale est de l'ordre de 6 milliards d'habitants.
Elle pourrait atteindre 8 à 9 milliards en l'an 2025.
Certaines prévisions vont plus loin et beaucoup plus haut. Mais les perspectives de surpopulation sont inquiétantes pour l'ensemble de l'humanité, et notamment pour les pays les plus pauvres du Tiers Monde, ceux que l'on désigne maintenant sous le nom de « Quart Monde ». (A l'inverse, quelques pays occidentaux voisins sont menacés par la diminution du taux de natalité).

3 La liste des continents, en fonction de leur superficie :

1. Asie
2. Amérique
3. Afrique
4. Antarctique
5. Europe
6. Océanie

En fonction de la population

1. Asie
2. Europe (y compris la Russie)
3. Amérique
4. Afrique
5. Océanie

L'Europe, sans la Russie, serait après l'Amérique et l'Afrique.
L'Antarctique est inhabité.

4 L'ONU comptait 50 membres à sa création en 1945, et atteignait 100 en 1960 (résultat de la décolonisation), 150 en 1980 et 160 en 1990 (multiplication du nombre des très petits Etats). La dernière arrivée massive de nouveaux membres est celle des nouvelles Républiques issues de l'ex-URSS. L'effectif est maintenant de l'ordre de 180 (plus exactement 185 en 1995).

2. Éléments de géographie humaine

1 Selon diverses estimations, 80 milliards d'hommes auraient vécu sur la Terre depuis les origines de l'humanité.
Pénalisation pour 8 milliards (puisque la population actuelle dépasse 6 milliards), et pour les chiffres trop élevés, qui deviennent aberrants.

2 et 3 Selon diverses prévisions effectuées notamment par l'ONU, la population du globe, qui dépasse maintenant les 6 milliards, dépassera les 8 milliards en l'an 2025.

4 Taux d'accroissement annuel : 0,5 % en France et 1,5 % dans le monde (ou 5 pour mille et 15 pour mille).
Pénalisation pour les chiffres élevés, qui deviennent aberrants.

5 L'accroissement annuel est d'environ 250 000 habitants pour la France, et plus de 90 millions pour l'ensemble du monde.

6 La densité dépasse maintenant 100 habitants au km² pour la France, et 40 pour le Monde.
(Pénalisation pour les autres chiffres, très forte pour les plus élevés qui sont aberrants).

7 L'espérance de vie en France est de l'ordre de 78 ans (73 ans pour les hommes et 81 à 82 ans pour les femmes)
Dans le monde, on l'estime à 75 ans pour les pays développés et 60 ans pour les autres (53 seulement en Afrique, à cause de la mortalité infantile, des maladies endémiques et des guerres tribales).

8 Le chiffre annuel des décès est de l'ordre de 50 millions, celui des naissances d'environ 140 millions (d'où l'excédent annuel de l'ordre de 90 millions).

9 Le pourcentage de la population urbaine est de l'ordre de 45 %. Il dépasse 75 % dans les pays développés, et est de l'ordre de 35 à 40 % dans le reste du monde.

10 La population des moins de 15 ans est légèrement supérieure au tiers (33 à 35 %), la population âgée de plus de 65 ans est de l'ordre de 6 %.

Dans certains pays sous-développés, près de la moitié de la population a moins de 15 ans, et la population des personnes âgées de plus de 65 ans est très faible (2 à 3 %).

La France compte environ 20 % de moins de 15 ans – et 15 % de plus de 65 ans.

Dans les pays qui subissent une crise de la natalité, comme l'Allemagne, les deux proportions sont sensiblement égales (15 %).

La situation devient très inquiétante lorsque la proportion des personnes âgées tend à dépasser celle des jeunes.

La démographie est une discipline capitale pour bien comprendre les grands problèmes du monde actuel, et pour réfléchir sur l'avenir de l'humanité.

11 à **13** L'Europe a une superficie d'environ 10 millions de km^2 et une population d'environ 700 millions d'habitants.

L'Europe des Quinze a 3 235 000 km^2 et 370 millions d'habitants.

Sa densité moyenne est de 114 habitants au km^2. (Elle était de près de 150 pour l'Europe des douze. Mais la moyenne a chuté avec l'arrivée de trois pays montagneux. La Suède et la Finlande réunies ont moins de 14 millions d'habitants pour 800 000 km^2.)

A titre de comparaison, la densité de la Russie se situe entre 8 et 9. Le Canada est à 3, l'Australie à 2,5. Les Etats-Unis sont à moins de 30. Le Japon est à plus de 330.

3. Les pays d'Europe

1 Classification par ensembles géographiques

- **L'Europe de l'Ouest,**
  – Grande-Bretagne (Londres) et Irlande (Dublin)
  – Les trois pays du Benelux : Belgique (Bruxelles), Luxembourg (Luxembourg), Pays-Bas (Amsterdam).
  Les Pays-Bas sont également dénommés Netherlands. (plaque d'immatriculation NL)
  – La France peut y être incluse.

- **L'Europe du nord ou Europe scandinave,**
  – Danemark (Copenhague), Finlande(Helsinki), Islande (Reykjavik), Norvège (Oslo), Suède (Stockholm)
  (Dans d'autres classifications, la Grande-Bretagne et l'Irlande sont aussi placées en Europe du nord).

- **L'Europe centrale : elle peut être décomposée en deux groupes de pays : l'Europe germanique et les autres pays d'Europe centrale,**

  a) **Europe germanique**
  – Allemagne (Berlin), Autriche (Vienne), Suisse (Berne), Lichtenstein (Vaduz).
  La Suisse est également dénommée Confédération helvétique (CH).

  b) **L'Europe centrale**
  – Hongrie (Budapest), Pologne (Varsovie), République tchèque (Prague), Slovaquie (Bratislava).

- **L'Europe latine**
  France (Paris), Espagne (Madrid), Italie (Rome), Portugal (Lisbonne), Andorre (Andorre-la-Vieille), Monaco, Saint-Marin, Vatican.

(Présenter les deux péninsules, Italie et péninsule ibérique, la France assurant leur jonction, et citer les quatre petits Etats).
NB : Question-piège posée par certains jurys : « le Portugal est-il méditerranéen ? » Réponse : le Portugal n'est évidemment pas au bord de la Méditerranée, mais il est méditerranéen par son climat.

- **Les pays de la Méditerranée orientale**
  – Grèce (Athènes), Malte (La Valette), Chypre (Nicosie), Turquie (Ankara).
  NB : On peut aussi reprendre l'Espagne, la France et l'Italie pour classer l'ensemble des pays méditerranéens.
  Seule une petite partie de la Turquie (la Thrace orientale, soit 1/30e) est en Europe.

- **Les pays des Balkans**
  – Albanie (Tirana), Bulgarie (Sofia), Roumanie (Bucarest)
  – Bosnie-Herzégovine (Sarajevo), Croatie (Zagreb), Macédoine (Skopje), Serbie-Monténégro (Belgrade), Slovénie (Ljubliana).
  NB : Il vous faut suivre, dans l'actualité, le destin des pays issus de la Yougoslavie. Il faut se souvenir aussi de l'expression « la poudrière des Balkans » (l'une des causes de la Première guerre mondiale).

- **Les pays baltes**
  – Estonie (Tallin), Lettonie (Riga), Lituanie (Vilnius)

- **Les pays d'Europe orientale**
  – Russie (Moscou), Biélorussie (Minsk), Moldavie (Chisinau), Ukraine (Kiev).
  NB : Les pays du Caucase (Arménie, Azerbaïdjan, Géorgie) sont aux frontières de l'Europe et de l'Asie.
  Du temps de l'URSS, six pays ayant été occupés par « l'armée rouge », l'Allemagne de l'Est (RDA), la Bulgarie, la Hongrie, la Pologne, la Roumanie et la Tchécoslovaquie étaient classées en Europe de l'Est (= pays satellites).

2 Il y a 45 pays et 42 capitales citées. En effet, Monaco, Saint-Marin et le Vatican sont à la fois Etats et capitales.

3A La Grande-Bretagne

1 et 2 La Grande-Bretagne a 244 000 km^2 et environ 59 millions d'habitants.
Sa superficie représente donc près de la moitié de celle de la France, et sa population est égale à celle de la France.

3

Angleterre		130 000 km^2
Ecosse	près de	80 000
Galles		20 000
Irlande du Nord		14 000

Par coïncidence, l'ordre alphabétique était aussi le bon, dans l'ordre décroissant... et il n'y avait pas de piège !

4 Les deux grandes îles sont Jersey et Guernesey. Les deux plus petites sont Aurigny et Sercq.

Pièges : – l'archipel de Chausey appartient à la France (trois cent petites îles, dépendant de la commune de Granville, dans la Manche),
– l'île de Man est au milieu de la mer d'Irlande.

5 Toutes les villes citées sont en Angleterre, à l'exception de Glasgow, qui est en Ecosse.

Notice

Les relations avec l'Angleterre ont, depuis le Moyen-Age, tenu une grande place dans notre Histoire. Il faut, par égard pour l'Angleterre, rendre hommage à son rôle historique : naissance de la démocratie parlementaire, révolution industrielle, conduite héroïque au cours de la dernière guerre mondiale. « L'Empire britannique » n'existe plus, et les relations avec la Grande-Bretagne sont souvent une pierre d'achoppement au sein de l'Union européenne. A suivre dans l'actualité...

3B Les Pays du Benelux

1 Il fallait cocher les deux dernières cases, puisque les deux propositions sont également vraies et complémentaires (les deux premières sont fantaisistes).

2 Superficie

Belgique	30 000 km²
Pays-Bas	37 000 km²
Luxembourg	3 000 km²

NB : D'autres estimations donnent 42 000 km² aux Pays-Bas (problème de la prise en compte des étendues d'eau).
Superficie totale : 70 000 km², soit 1/8e de celle de la France.

3 Population

Belgique	10 millions d'habitants
Pays-Bas	15 millions
Luxembourg	400 000

Population totale : 25 millions.

4 Les pays voisins de la Belgique sont la France (frontière 620 km), les Pays-Bas (450 km), l'Allemagne (160 km), le Luxembourg (150 km).

5 Les Pays-Bas ont pour voisins l'Allemagne (frontière 600 km) et la Belgique (500 km).

6 Le Luxembourg a pour voisins la Belgique (frontière 150 km), l'Allemagne (135 km), la France (75 km).

7 Toutes ces villes sont en Belgique, sauf Dunkerque (France), et Maastricht (Pays-Bas).

8 Toutes ces villes sont aux Pays-Bas, sauf Malines (Belgique) et Munster (Allemagne).

NB : Bois-le-Duc (= S'Hergotenbosch) est bien une ville hollandaise, patrie de Jérome BOSCH.

9 Toutes ces villes sont des ports importants ou stations balnéaires, sauf Luxembourg.

10 Ces fleuves et rivières traversent le Benelux, sauf l'Ems, qui est exclusivement allemande, et la Somme, exclusivement française.

11 Les points culminants sont évidemment dans le massif des Ardennes :

- 560 m à Huldange pour le Luxembourg ;
- 700 m pour la Belgique au Signal de Botrange.

Pour les Pays-Bas, on a tendance à penser à des chiffres très faibles, puisque près de 30 % de la superficie est en-dessous du niveau de la mer. Mais à l'extrémité sud du pays se trouvent les collines du Limbourg, dont le point culminant est à 321 m à Voralserberg.

3C Les pays Scandinaves

1 et **2** Superficie et population

Danemark (U.E.)	42 000 km²	5 300 000 hab.
Islande	100 000 km²	250 000 hab.
Norvège	307 000 km²	4 400 000 hab.
Finlande (U.E.)	340 000 km²	5 millions hab.
Suède (U.E.)	412 000 km²	9 millions hab.

La population totale est de l'ordre de 24 millions d'habitants.

3 Les pays scandinaves réunis ont obtenu plus de 1500 médailles aux Jeux Olympiques (grâce à leurs très bonnes performances en athlétisme et aux Jeux d'hiver). Ils se classent donc au troisième

rang, après les deux géants que sont les Etats-Unis (2000 médailles) et la Russie – ex URSS (près de 1800 médailles).

3D L'Allemagne

1 L'Allemagne réunifiée a 357 000 km^2, soit les 2/3 de la France (elle avait 100 000 km^2 de plus grâce à ses provinces de l'est avant-guerre, prises par l'URSS et la Pologne).

2 Sa population est de plus de 81 millions d'habitants (en stagnation, voire avec risque de régression, du fait de la chute de la natalité).

3 Etats limitrophes :
- au nord, le Danemark ;
- à l'ouest, les Pays-Bas, la Belgique, le Luxembourg, la France ;
- au sud, la Suisse et l'Autriche ;
- à l'est, la Pologne et la République tchèque.

Pénalisations fortes pour Bulgarie, Russie, Finlande, Roumanie et Turquie.

4 Les Etats (Länder) voisins de la France sont au nombre de trois : Sarre, Rhénanie-Palatinat et Bade-Wurtemberg.

5 Berlin, Brême et Hambourg ont un *statut spécial*, mais non Francfort (cela pourrait se déduire de la liste n°4).

6 Un paradoxe : l'exception est ici le seul fleuve prenant sa source en Allemagne, c'est-à-dire le Danube. Tous les autres fleuves prennent leur source dans d'autres pays : l'Elbe en République tchèque, la Moselle en France, le Rhin en Suisse.

Notice

« L'ennemi héréditaire » est devenu notre premier partenaire commercial et notre meilleur ami. Il vous faut donc connaître son rôle historique, et suivre dans l'actualité l'évolution de l'Allemagne réunifiée.

3E Les pays d'Europe Centrale Germanique

1 Autriche : 84 000 km² et 8 millions d'habitants
Liechtenstein : 160 km² et 30 000 habitants
Suisse : 41 000 km² et 7 millions d'habitants

2 Pays voisins de la Suisse : France, Allemagne, Autriche, Liechtenstein, Italie.

3 Le Liechtenstein est situé entre la Suisse (canton de Saint-Gall) et l'extrémité ouest de l'Autriche (Vorarlberg).
Après avoir été une Principauté du Saint-Empire germanique, puis de la Confédération germanique, le Liechtenstein obtint son indépendance en 1866. Il est depuis 1924 rattaché à la Suisse pour les questions monétaires et douanières.

4 L'Autriche est située entre la Suisse, le Liechtenstein, l'Allemagne, la République tchèque, la Slovaquie, la Hongrie, la Slovénie et l'Italie.

5 Ces quatre langues sont parlées en Suisse : Allemand (70 %), Français (19 %), Italien (10 %), Romanche (1 %).

6 Tous ces lacs sont suisses (en totalité ou en partie), à une exception près :
Le lac de Neusiedl est Autrichien.

7 Il s'agit des fromages suisses, à l'exception du *fendant*, qui est le vin le plus connu du pays.

3F L'Espagne

1 Superficie : 505 000 km², soit presqu'autant que la France (à 10 % près).

2 Population : 40 millions d'habitants, soit les 2/3 de celle de la France.

3 Fleuves se jetant dans la Méditerranée : Ebre (affluent Aragon), Jucar, Turia.
Fleuves se jetant dans l'Atlantique : Tage, Douro, Guadiana (qui traversent le Portugal), Guadalquivir, Mino.

4 Piège pour les îles : les noms des deux archipels avaient été glissés dans la liste.
Il fallait les reclasser comme suit :

Baléares	*Canaries*
Majorque	Fuerteventura
Minorque	Gomera
Ibiza	Grande-Canarie
Formentera	Ile-de-Fer
Cabrera	Lanzarote
	Palma
	Tenerife
Plus de 5000 km²	Plus de 7000 km²
700 000 habitants	1,5 million d'habitants

5 Pièges pour les villes :
- la capitale Madrid est évidemment au centre du pays ;
- Lisbonne et Porto sont bien de grands ports sur l'Atlantique, mais appartiennent au Portugal.

Ports espagnols sur l'Atlantique : Irun, Bilbao, Santander, Gijon, La Corogne, Vigo, et au sud Cadix.
Ports de la côte méditerranéenne : Barcelone, Tarragone, Valence, Alicante, Carthagène, Aleria, Malaga.

6 Bilbao, Irun et Saint-Sébastien sont dans le pays basque. Cordoue est en Andalousie.

Notice
« Le siècle d'or » (XVIe siècle) a marqué le sommet de l'histoire espagnole. La suite fut une longue décadence. Au cours des dernières décennies, le roi JUAN CARLOS a réussi le rétablissement de la démocratie, la modernisation de l'économie et l'entrée dans l'Union européenne.

3G L'Italie

1 Superficie : 300 000 km^2, soit entre la moitié et les deux tiers de celle de la France.

2 Population : 58 millions d'habitants (sensiblement égale à celle de la France).

3 Etats limitrophes, de l'ouest à l'est : France, Suisse, Autriche, Slovénie.
Pénalisation pour les Etats éloignés, et pour Sardaigne, Sicile et Vénétie, qui sont des provinces de l'Italie.

4 La Mer Tyrrhénienne est délimitée par l'île d'Elbe (au nord), la Corse et la Sardaigne (à l'ouest), la Sicile (au Sud), et la partie de la « botte » allant de la Toscane jusqu'à Reggio de Calabre. Toutes les petites îles citées sont dans la mer Tyrrhénienne.

5 Toutes les villes citées sont sur le continent, sauf Palerme qui est en Sicile. (La question précédente sur les îles pouvait vous mettre sur la voie).

6 Le Pô et ses affluents, Adda, Piave et Tessin, coulent au nord de l'Italie. L'intrus est le Tibre, fleuve de l'Italie centrale qui arrose Rome.

Notice
Il faut évidemment vous souvenir de Rome, puis de la Renaissance, et suivre la destinée originale de notre « sœur latine ».

3H La Grèce

1 Superficie : 132 000 km², soit près du quart de celle de la France.

2 La population est de 11 millions d'habitants, soit près du cinquième de celle de la France.

3 Etats limitrophes, de l'ouest à l'est : Albanie – Macédoine – Bulgarie – Turquie.
Pénalisation sévère pour Allemagne ou Russie.

4 La proportion des îles par rapport à la superficie totale est de 20 %.
Si vous regardez trop rapidement les cartes, vous pouvez croire que c'est plus grand… le découpage provoque des illusions d'optique.

5 Iles situées à l'ouest d'Athènes : Les Iles Ioniennes, dont Corfou et Ithaque.
Iles situées à l'est d'Athènes : les Cyclades, Chio, Lesbos, Rhodes, les Sporades.
Piège : le Péloponnèse est une presqu'île, rattachée au continent par l'isthme de Corinthe.

Notice
La Grèce est considérée historiquement comme « la mère de notre civilisation » et « la mère de la démocratie ». Nous vous invitons à revoir, dans la première partie, le chapitre consacré à l'Histoire antique.

4. Les pays d'Europe centrale et orientale

4A Les pays d'Europe centrale et orientale

1 Pologne : 313 000 km²
39 millions d'habitants
Hongrie : 93 000 km²
10 millions d'habitants
République tchèque : près de 80 000 km²
plus de 10 millions d'habitants
Slovaquie : près de 50 000 km²
plus de 5 millions d'habitants

2 Les pays voisins de la Pologne sont :
- à l'ouest , l'Allemagne ;
- au sud, la République tchèque et la Slovaquie ;
- au nord-est, la Russie (partie de l'ancienne Prusse orientale) et la Lituanie ;
- à l'est, la Biélorussie et l'Ukraine.

Pénalisation pour les autres pays, notamment pour la Turquie, qui est fort éloignée.

3 Les pays voisins de la République tchèque sont l'Allemagne à l'ouest, la Pologne au nord-est, la Slovaquie au sud-est, l'Autriche au sud.

4 Les pays voisins de la Slovaquie sont la République tchèque au nord-ouest, l'Autriche à l'ouest, la Hongrie au sud, la Pologne au nord et l'Ukraine à l'est.

5 Les pays voisins de la Hongrie sont :
- la Slovaquie au nord ;
- l'Autriche à l'ouest ;

– la Slovénie et la Croatie au sud-ouest ;
– la Serbie au sud-est ;
– l'Ukraine et la Roumanie à l'est.

6 Il s'agit bien de pays continentaux. Mais la Pologne possède une façade nord sur la mer Baltique.

7 Il s'agit des capitales des quatre pays, à l'exception de Cracovie, qui fut toutefois capitale de la Pologne jusqu'à la fin du XVIe siècle.

4B Les pays des Balkans

1 Albanie : près de 30 000 km²
plus de 3 millions d'habitants
Bulgarie : plus de 110 000 km²
9 millions d'habitants
Roumanie : près de 240 000 km²
près de 24 millions d'habitants

2 Les pays de l'ancienne Yougoslavie
Bosnie-Herzégovine : plus de 50 000 km²
près de 5 millions d'habitants
Croatie : près de 60 000 km²
près de 5 millions d'habitants
Macédoine : plus de 25 000 km²
plus de 2 millions d'habitants
Serbie-Monténégro : plus de 100 000 km²
plus de 10 millions d'habitants
Slovénie : plus de 20 000 km²
plus de 2 millions d'habitants
Total : 255 000 km²
24 à 25 millions d'habitants

3 Les pays voisins de l'Albanie sont la Serbie, la Macédoine et la Grèce.

4 Les pays voisins de la Bulgarie sont la Roumanie, la Serbie, la Macédoine, la Grèce et la Turquie.

5 Les pays voisins de la Roumanie sont la Hongrie, l'Ukraine, la Moldavie, la Serbie, la Bulgarie.

4C La Russie

La Russie a une superficie qui représente les 3/4 de l'ancienne URSS (et plus de 30 fois la France).
Le chef de l'Etat, Boris ELTSINE, élu au suffrage universel le 12 juin 1991, a été réélu en 1996.
Le parti communiste de l'Union soviétique a été suspendu en novembre 1991. Ses militants se retrouvent dans divers autres partis...
Les formations politiques et les mouvements sociaux soutenant Boris Eltsine se regroupent dans la *Russie démocratique*.
Il vous faut suivre l'actualité politique, qui est souvent chaotique, et l'évolution économique.
La Russie cherche à continuer à jouer un rôle mondial malgré son affaiblissement.

4C.1 Géographie de la Russie

1 Superficie : 17 millions de km^2 (c'est le plus grand Etat du monde), soit plus de trente fois la France.

2 Population : près de 150 millions d'habitants, soit près de trois fois la France.

3 Principales villes de Russie : Arkhangelsk, Kazan, Kouibychev, Moscou, Oufa, Perm et Saint-Pétersbourg
(Les autres villes de la liste appartiennent à d'autres Etats de l'ancienne URSS).

4 La population est composée de russes à 83 %. (Il existe une quarantaine de minorités)

5 Il s'agit de noms de grands lacs de barrage sur la Volga, à l'exception du lac Onega, situé au nord-ouest de la Russie. Les trois lacs de barrage portent le nom des villes à proximité desquelles les barrages ont été construits.

4C.2 La Russie et son histoire

1 C'est Kiev qui devint la capitale du premier Etat russe en 882. Elle est aujourd'hui la capitale de l'Ukraine.

2 C'est Ivan IV le Terrible qui prit en 1547 le titre de ***csar*** ou ***tsar*** (= césar).

3 Michel II Romanov (1596-1645) fut élu tsar en 1613 par les Etats généraux russes.

4 Pierre Ier Alexeievitch, dit Pierre le Grand (1672-1725) a fait construire Saint-Pétersbourg, qui devint capitale de la Russie en 1715.

5 Les deux grandes impératrices furent :

1. Elisabeth PETROVNA (1741-1762), fille de Pierre Ier le Grand et de Catherine Ière.
2. Catherine II la Grande (1762-1796), qui prit le pouvoir à la faveur d'un coup d'Etat militaire.

Ces deux impératrices ouvrirent la Russie à l'influence artistique, littéraire et philosophique de la France, et contribuèrent beaucoup au développement de leur pays (mais sans y faire vraiment avancer les libertés démocratiques).

6 Le tsar Alexandre Ier régna de 1801 à 1825 ; ses armées furent battues à Austerlitz (1805) et à Friedland (1807). Un accord fut conclu entre les deux souverains à Tilsit, mais les relations se

dégradèrent rapidement, ce qui conduisit à la campagne de Russie (1812- 1813), puis à l'invasion de la Fance (1814).

7 Le plus long règne du XIXe siècle fut celui de Nicolas Ier (1825-1855).
Puis Alexandre II régna de 1855 à 1881, et Alexandre III de 1881 à 1894.

8 Le denier tsar fut Nicolas II (1894-1917). Il abdiqua en mars 1917 (après la révolution de février), et fut exécuté à Iekaterinbourg (Oural), le 17 juillet 1918.

9 L'Union des Républiques socialistes soviétiques (URSS) fut proclamée officiellement le 30 décembre 1922.

10 Le Parlement de la Fédération de Russie, présidé par Boris Eltsine a proclamé la souveraineté d'Etat de la Russie en juin 1990.

4C.3 L'ex-URSS et la CEI – Les quinze nouvelles Républiques

L'Union des républiques socialistes soviétiques (URSS) a été fondée en 1922, en regroupant 15 républiques fédérées, et a été dissoute en 1991.
C'était un Etat géant, de plus de 22 millions de km^2 et près de 300 millions d'habitants.
Après une tentative de coup d'Etat (août 1991), la décomposition de l'URSS se précipita. M. Gorbatchev finit par démissionner de toutes ses fonctions. Le parti communiste de l'Union soviétique a été suspendu en novembre 1991.
C'est la Russie qui a hérité des prérogatives internationales de l'ex-URSS.

La Communauté des Etats indépendants (CEI)

Il s'agit d'une fédération créée en décembre 1991 à l'initiative de trois Républiques issues de l'ex-URSS, la Russie, l'Ukraine et la Biélorussie.

Elles ont été rejointes par toutes les autres Républiques précédemment fédérées au sein de l'URSS, à l'exception de la Géorgie et des Etats baltes.
L'organe suprême de la Communauté est le Conseil des Chefs d'Etat.
En janvier 1992, toutes les Républiques de la CEI ont été admises au sein de la Conférence pour la sécurité et la coopération en Europe (CSCE), devenue OSCE (Organisation pour la Sécurité...).
Le leader (souvent contesté...) est Boris Eltsine, élu chef de l'Etat russe au suffrage universel le 12 juin 1991, et réélu en 1996 malgré ses problèmes de santé.

4C.3.1 *Classification géopolitique*

1 Une classification géopolitique peut être effectuée comme suit pour étudier les quinze nouveaux Etats :

- La Russie,
- Les trois Etats baltes
  Estonie
  Lettonie
  Lithuanie
- Les trois pays d'Europe orientale
  Biélorussie
  Moldavie
  Ukraine
- Les trois pays du Caucase
  Arménie
  Azerbaïdjan
  Géorgie
- Les cinq pays d'Asie centrale
  Kazakhstan
  Kirghizstan
  Ouzbékistan
  Tadjikistan
  Turkménistan

4C.3.2 *Les pays baltes*

Ce nom avait été donné aux provinces bordant la mer Baltique et situées entre l'embouchure du Niémen, à l'ouest, et le golfe de Finlande, à l'est.
Les trois pays baltes qui ont retrouvé leur indépendance en 1990-1991 sont, du nord au sud, l'Estonie, la Lettonie et la Lituanie. Cela correspond à l'ordre alphabétique, ce qui favorise la mémorisation.

Estonie

Superficie : 45 000 km^2
Population : 1 600 000 habitants
Capitale : Tallinn

Lettonie

Superficie : 65 000 km^2
Population : 2 700 000 habitants
Capitale : Riga

Lituanie

Superficie : 65 000 km^2
Population : 3 800 000 habitants
Capitale : Vilnius

Ensemble : 175 000 km^2 (près du tiers de la France)
Population : plus de 8 millions d'habitants

4C.3.3 *Trois pays d'Europe de l'Est*

Trois pays ont acquis leur indépendance depuis 1991.
Ce sont, du nord au sud :

- la Biélorussie (voisine des Pays Baltes au nord et de la Pologne à l'ouest) ;
- l'Ukraine ;
- la Moldavie (enclave entre l'Ukraine et la Roumanie).

Par sa population, ses ressources et sa situation stratégique, l'Ukraine peut faire figure de puissance importante.

Biélorussie

Superficie : plus de 200 000 km^2
Population : plus de 10 millions d'habitants
Capitale : Minsk

Moldavie

Superficie : 34 000 km^2
Population : 4,5 millions d'habitants
Capitale : Chisinau

Ukraine

Superficie : 600 000 km^2
Population : 52 millions d'habitants
Capitale : Kiev

Autres grandes villes : Lvov, Kharkov, Driepropétrovsk, Donestsk et Odessa (grand port sur la Mer Noire).

4C.3.4 *Trois pays du Caucase*

Trois pays du versant sud du Caucase ont obtenu leur indépendance en 1991. Leur situation est très instable, du fait de graves conflits territoriaux.

Arménie

Superficie : 30 000 km^2
Population : 3 500 000 habitants
Capitale : Erévan

L'Arménie occupe le centre et le sud de la région. Elle n'a pas de débouché maritime.
Conflit territorial : elle revendique et occupe l'enclave du Haut-Karabakh, située en Azerbaïdjan, mais qui est peuplée en majorité d'Arméniens.

Azerbaïdjan

Superficie : 86 000 km²
Population : 7,5 millions habitants
Capitale : Bakou

Population : azéris (plus de 80 %),
arméniens (Haut-Karabakh) et russes.

L'Azerbaïdjan occupe la partie orientale de la Transcaucasie, et s'ouvre sur la mer Caspienne.

Pour mémoire :

Plus de 6 millions d'Azéris vivent dans deux provinces du nord de l'Iran.

Géorgie

Superficie : 70 000 km²
Population : 5,5 millions d'habitants
Capitale : Tbilissi

La population est en grande majorité orthodoxe. De graves conflits opposent le gouvernement aux minorités musulmanes d'Abkhazie et Ossétie du sud.

Le Chef de l'Etat est Edouard Chevardnazé, ancien ministre des Affaires étrangères de l'URSS.

5. L'Amérique

5A Histoire

1 On a fêté récemment le **cinquième centenaire de la découverte de l'Amérique**... C'était en 1492.

Pour mémoire :

Les quatre autres dates méritent d'être retenues :

732	Bataille de Poitiers
1214	Victoire de Bouvines
1515	Victoire de Marignan
1634	Création par Richelieu de l'Académie française

2 Christophe Colomb était parti avec trois bateaux : Santa Maria, Nina et Pinta.

3 Il arriva dans la région des Caraïbes. (Pénalisation pour Alaska et Terre de Feu)

4 et 5 Les deux conquistadors les plus célèbres furent Fernand Cortez (Mexique) et François Pizarre (Pérou)
Noms espagnols : Hernan Cortes et Francisco Pizarro
Federico Bahamontes, Pedro Delgado, Miguel Indurain et Luis Ocana sont des coureurs cyclistes espagnols qui ont gagné le Tour de France.
Torquemada fur inquisiteur général en Espagne à la fin du XVe siècle.
Luis Buñuel et Carlos Saura sont des cinéastes.
Les autres noms sont imaginaires.

6 George Washington a été le libérateur et le premier président des Etats-Unis.

Les autres noms cités sont ceux de présidents qui ont en commun d'avoir été assassinés au cours de leur mandat.

7 Les libérateurs de l'Amérique latine sont Bolivar, Iturbide, San Martin et Sucre. *(sic !)*
Les autres noms sont fantaisistes : Valparaiso est un port du Chili, Julio Iglesias est un chanteur de charme bien connu, les généraux Alcazar et Tapioca sont des personnages des aventures de Tintin.

8 « L'Amérique aux Américains » résume les principes de politique étrangère proclamés en 1823 par le président Monroe (James).

9 1 Thomas Woodrow Wilson (1913-1920)
2 Franklin Delano Roosevelt (1932-1945)

Pénalisations sévères pour ceux qui ont cité
George Washington (1789-1796)
Abraham Lincoln (1860-1865)
John F. Kennedy (1960-1963)

10 L'aviateur américain Charles Lindbergh réalisa la première traversée de l'Atlantique en 1927, seul sur son monoplan *Spirit of Saint Louis*. Les autres noms sont fantaisistes (Spielberg est celui d'un cinéaste célèbre, toujours très actif).

5B Géographie

1 Superficie : 42 millions de km^2

2 Population : 800 millions d'habitants

3 Longueur du continent : 18 000 km

4 Point le plus méridional : Cap Horn (pénalisation pour les autres noms, imaginaires ou très éloignés)

5 Ville la plus australe du monde : Ushuaïa

Pièges : South = Sud
Southbend est une ville des Etats-Unis (Indiana). Southampton, Southport et Southend on Sea sont des villes portuaires du Sud de l'Angleterre.

Pour mémoire
Ushuaïa a donné son nom à une célèbre émission de télévision, le « magazine de l'extrême ».

6 et 7 Le point culminant de l'Amérique est à 6 960 m, dans les Andes : c'est l'Aconcagua.
Le point culminant de l'Amérique du Nord est le mont Mac Kinley (6 200 m, en Alaska).
Le point culminant de l'Amérique centrale est le pic d'Orizaba (5 700 m, au Mexique).
Les deux autres chiffres donnés sont ceux du Mont-Blanc (4 807 m, France) et de l'Everest (8 882 m, Himalaya).
La Montagne Pelée est le point culminant de la Martinique (1 397 m).
La Soufrière est le point culminant de la Guadeloupe (1 467 m).

8 Le fleuve le plus long et le plus puissant est l'Amazone (selon les estimations, sa longueur va jusqu'à 7 000 km).

Précisions
Le Colorado est le plus petit des fleuves cités (2 250 km), mais il est célèbre par son grand canyon.
L'Orénoque (3 000 km) est le deuxième fleuve le plus puissant du monde, par son débit, après l'Amazone.
Le Missisipi, si on lui ajoute son affluent le Missouri, dépasse 6 000 km.

9 La question peut surprendre... Mais il faut évidemment penser à la Guyane, qui est le plus grand de nos départements (91 000 km^2). Vous devez donc cocher le Brésil et le Surinam (ex : Guyane hollandaise).

10 Origine du nom du continent : Celui du navigateur Amerigo Vespucci (les quatre autres noms ou formules ne sont que des inventions humoristiques...).

5C Les Etats-Unis

1 Les Etats-Unis ont une superficie de près de 9 400 000 km², soit plus de 17 fois la France.

2 Leur population dépasse 270 millions d'habitants, et pourrait dépasser 330 millions en l'an 2025 (soit 4 à 5 fois celle de la France).

3 Les Etats-Unis ont près de 9 000 km de frontières avec le Canada (c'est la plus longue frontière terrestre du monde), et plus de 3 000 km avec le Mexique (c'est la frontière la plus fréquentée). Pénalisation sévère à l'encontre des candidats qui auraient répondu Cuba.

4 Principales religions
Les protestants, au nombre de 80 millions, restent dominants, mais sont très divisés.
Les catholiques, au nombre de 60 millions, sont en expansion, grâce à l'immigration latino-américaine.
Les juifs, comme les musulmans, sont environ 6 millions.
Il y a donc plus de juifs aux Etats-Unis qu'en Israël, et New York est de très loin la première ville juive du monde.
Les Musulmans sont en expansion dans la population noire.
Les fidèles des Eglises de l'Est (notamment orthodoxes) sont environ 4 millions.

5 La capitale fédérale est Washington, et non New York (qui est cependant la ville la plus importante).
Atlanta, capitale de la Géorgie, a été choisie pour les Jeux Olympiques de 1996.

6 Le Président réside à la Maison Blanche (White House).

7 Les Etats-Unis se composent de 50 Etats.
Le chiffre d'origine était 13, d'où les 13 bandes et les 50 étoiles de la « bannière étoilée », drapeau des Etats-Unis.

8 Il s'agit de cinq Etats du nord-est des Etats-Unis. L'Ontario est une province du Canada.

9 Il s'agit de cinq Etats du nord des Etats-Unis. Le Saskatchewan est une province du Canada.

10 Il s'agit de quatre Etats limitrophes du Mexique (ce sont d'ailleurs des territoires cédés par le Mexique aux Etats-Unis au cours du XIXe siècle). Mais Chihuahua est une province du Mexique (sa capitale est la ville du même nom ; c'est aussi le nom d'une race de chiens terriers, de très petite taille).

5D Le Canada

1 Superficie : 10 millions de km², soit 18 fois la France.

2 Population : près de 30 millions d'habitants, soit la moitié de celle de la France.

3 Les principales villes du Canada sont (dans l'ordre alphabétique) :

Calgary (En Alberta, au Sud-Ouest)
Edmonton (Alberta)
Montréal (au Québec)
Ottawa (capitale fédérale)
Québec
Regina (Saskatchewan, au centre)
Toronto (sur le lac Ontario)
Vancouver (grand port sur le Pacifique)
Winnipeg (Manitoba)

Les trois suivants sont des noms de provinces du Canada :

Alberta (capitale : Edmonton)
Manitoba (capitale : Winnipeg)
Ontario (capitale : Toronto)

Pénalisation : Las Vegas est la capitale des jeux de hasard aux Etats-Unis (Nevada).

4 Les fleuves du Canada

Churchill
Columbia
Fraser
Mackenzie
Saint-Clair
Saint-Laurent
Yukon

Le plus long est le Mackenzie (4 700 km), suivi du Saint-Laurent (3 700km).
Churchill est bien le nom d'un fleuve (qui se jette dans la baie d'Hudson).
Le fleuve Colombia est d'abord canadien, puis passe aux Etats-Unis. *Idem* pour le Yukon (3 200 km), qui passe en Alaska.

Pénalisation : Colorado, Mississsipi et Missouri sont aux Etats-Unis.

5 Noms des explorateurs français

Jacques Cartier
Robert Cavelier de la Salle
Samuel de Champlain
François-Xavier de Charlevoix
Louis Jolliet

Jean Cabot était un navigateur vénitien au service de l'Angleterre.
Giovanni Verrazzano était un navigateur italien au service de François Ier.
Le comte de Frontenac fut le plus célèbre des gouverneurs du temps de Louis XIV.

Louis Saint-Laurent fut Premier ministre du Canada de 1948 à 1957.
Il ne fallait surtout pas citer Christophe Colomb... (pénalisation)

6 Noms des tribus indiennes du Canada

Algonquins
Assiniboins
Hurons
Iroquois
Micmacs
Montagnais
Outaouais.

Les Aztèques avaient fondé une grande civilisation au Mexique, les Incas au Pérou et les Mayas en Amérique centrale (pénalisation en cas de confusion).

7 L'emblème du drapeau canadien est la feuille d'érable.
La fleur de lys est l'emblème du Québec.

8 Les provinces du Canada sont l'Alberta, la Colombie britannique, le Nouveau-Brunswick, la Nouvelle-Ecosse, l'Ontario, le Québec, le Saskatchewan, Terre-Neuve et l' île du Prince-Edouard.
La province du Québec a une superficie supérieure à 1 500 000 km^2 (soit 3 fois la France).

Pièges :

– La « Colombie québécoise » n'existe pas...
– Le « Nouveau Monde » est également une fantaisie... de même que la « Terre Nouvelle».
– La « Nouvelle France » a été le premier nom donné au Canada.

9 La proportion de la population francophone au Canada est de l'ordre de 25 %.

10 Les chanteurs canadiens

(3 noms valables seulement)
Robert Charlebois, Félix Leclerc, Gilles Vignault.
Quelques autres noms auraient pu être canadiens, notamment Balavoine.
Jacques Brel est d'origine belge.

11 Les chanteuses canadiennes
(deux noms valables seulement)
Diane Dufresne, Fabienne Thibault.

12 Le bouclier canadien est un ensemble géographique : vieux socle précambrien, constituant maintenant une pénéplaine, qui occupe tout le centre et l'est du Canada, et est déprimé en son milieu (baie d'Hudson).

13 Il s'agit des grandes îles du Canada. Toutes sont au nord du pays, sauf Terre-Neuve (à l'est, dans l'Atlantique) et Vancouver (à l'ouest, dans le Pacifique).

14 Il s'agit de grands lacs situés entre le Canada et les Etats-Unis. Mais le lac Michigan se trouve en totalité sur le territoire des Etats-Unis.

15 Toutes ces villes sont des ports (maritimes ou fluviaux), sauf Edmonton, situé au pied des Montagnes Rocheuses.

5E Le Mexique

1 Pays limitrophes
Au nord : Les Etats-Unis
Au sud : Belize et Guatemala

(*Pénalisations* sévères pour Argentine, Brésil ou Canada...)

2 Superficie du Mexique
2 millions de km² soit près de quatre fois la France.

3 Point culminant
C'est le pic d'Orizaba, 5 700 m.
Le Popocatepetl est à 5 450 m.

Pénalisation pour Acapulco, qui est une célèbre station balnéaire de la côte du Pacifique et pour Tenochtitlan, car c'était le nom de la capitale des Aztèques.

4 Fleuve frontière avec les Etats-Unis
C'est le Rio-Grande (2 900 km)
Pénalisations pour toutes les autres réponses.

5 La population du Mexique, en croissance rapide, est de l'ordre de 100 millions d'habitants. Soit près du double de la France.

6 Toutes les villes citées sont bien mexicaines (extrême ouest du Texas), à l'exception d'El Paso, ville américaine, sur le Rio Grande, en face de Ciudad Juarez.

7 Les trois grandes civilisations qui se sont succédées au Mexique au cours de notre ère sont :

Maya (premier millénaire, puis résurgences)
Toltèque (du IXe au XIIe siècle)
Aztèque (XIVe au XVIIe siècle)

Pénalisations pour les autres :

Arumbaya vient d'un album de Tintin (« L'oreille cassée »).
Esquimau... serait un contresens épouvantable.
Victorienne... allusion à la Grande-Bretagne au XIXe siècle.

8 Tous les noms sont valables, à l'exception de François Pizarre, conquérant du Pérou, et Ruy Blas, qui est le titre d'un drame de Victor Hugo.

9 Un petit contingent de volontaires américains résista héroïquement à Fort Alamo, et se fit massacrer par l'armée de Santa Anna.

10 Il fallait cocher les noms des Etats qui sont maintenant limitrophes du Mexique : Arizona, Californie, Nouveau-Mexique et Texas.

Pénalisations à prévoir pour :

- Columbia, Dakota, Idaho, New York et Washington qui sont au nord des Etats-Unis.
- Louisiane qui fut cédée aux Etats-Unis par Napoléon Bonaparte.
- Costa-Rica, Cuba, Honduras et Nicaragua, qui sont des Etats indépendants.
- Cuba, qui est une île.

11 Napoléon III prit prétexte d'un différend financier avec la république mexicaine pour lancer une expédition militaire en 1862.

12 Les troupes françaises étaient commandées par Bazaine. Elles quittèrent le pays au début de 1867.

13 La bataille de Camerone eut lieu le 30 avril 1863. Cette date est devenue celle de la fête de la Légion.

14 Les troupes mexicaines étaient commandées par Benito Juarez (Les autres réponses sont fantaisistes).

15 Porfirio Diaz exerça le pouvoir de 1876 à 1911.

Pénalisations sévères pour les autres noms.

16 Les deux révolutionnaires les plus connus sont Pancho Villa et Emiliano Zapata.
(Les autres noms sont fantaisistes).

5F Les pays d'Amérique Centrale et l'isthme de Panama

1 Voici les sept pays classés, dans l'ordre alphabétique, du nord au sud, avec leur capitale respective.

Bélize	capitale	Belmopan
Guatémala	capitale	Guatémala
Honduras	capitale	Tégucigalpa
El Salvador	capitale	San Salvador
Nicaragua	capitale	Managua
Costa Rica	capitale	San José
Panama	capitale	Panama

(La coïncidence des noms dans trois cas devait faciliter votre tâche).
La superficie totale dépasse 500 000 km^2. La population totale dépasse 30 millions d'habitants.

2 Le Salvador est le plus petit des Etats (21 000 km^2). Il possède seulement une façade sur le Pacifique.
Belize (23 000 km^2) est un petit Etat bordé par la mer des Antilles.

3 Bélize est l'ancien Honduras britannique.
La Reine Elizabeth II est restée Chef de l'Etat.

4.1 Le Canal de Panama a une longueur d'environ 80 km.

4.2 Il est pourvu d'écluses (trois au total) à ses deux extrêmités :
- Gatun entre l'Atlantique et le lac de Gatun ;
- Pedro Miguel et Miraflores vers le Pacifique.

4.3 Les principaux ports desservant le Canal sont Balboa, Colon et Cristobal. L'intrus est donc Managua.

4.4 Le scandale de Panama a tenu une grande place dans l'histoire de la IIIe République.

(Les autres explications sont fantaisistes. « Paname » est un nom populaire donné à Paris, notamment dans les chansons de Maurice Chevalier).

5 Le Panama est situé entre le Costa Rica et la Colombie.

(*Pénalisation* simple pour Mexique et Venezuela. Pénalisation forte pour Etats-Unis et Brésil).

6 L'intrus est Noriega, ancien Chef de l'Etat du Panama, poursuivi pour trafic de drogue en 1988, et incarcéré aux Etats-Unis en 1990.
Les autres noms sont ceux de plusieurs lacs de cette partie du continent. (Le plus grand est le lac de Nicaragua : plus de 8 000 km^2).

5G Les Antilles

1 Liste des Grandes Antilles, du nord au sud et de l'est à l'ouest, avec leur capitale :

Les Bahamas	capitale	Nassau
Cuba	capitale	La Havana
Iles Cayman	capitale	Georgetown
Jamaïque	capitale	Kingstown
Porto-Rico	capitale	San Juan

Haïti est une grande île, partagée entre deux Etats :

Haïti	Port-au-Prince
République Dominicaine	Saint-Domingue

La superficie totale dépasse 200 000 km^2. La population totale dépasse 30 millions d'habitants.

2 Les petites Antilles
Vous trouverez sur une carte, du nord au sud :

– les Iles Vierges britanniques (capitale Road Town)
– les Iles Vierges américaines (capitale Charlotte Amalie)
– Saint Kitts et Nevis (dépendance britannique)

– Antigua et Barbuda (capitale Saint-Jean)
– Montserrat (dépendance britannique)
– la Guadeloupe (département français, chef-lieu Basse-Terre)
– la Dominique (Etat du Commonwealth, capitale Roseau). Ancienne colonie française, cédée à l'Angleterre par le Traité de Paris en 1763, indépendante depuis 1978. A ne pas confondre avec la République dominicaine.
– la Martinique (département français, chef-lieu Fort-de-France)
– Sainte-Lucie (Etat du Commonwealth, capitale Castries)
– Saint-Vincent et les Grenadines (Etat du Commonwealth, capitale Kingstown)
– la Barbade (Etat du Commonwealth, capitale Bridgetown)
– la Grenade (Etat du Commonwealth, capitale Saint- Georges)
– Trinidad et Tobago (capitale Port d'Espagne)
– à l'ouest, les Antilles néerlandaises et Araba (dépendance des Pays-Bas, avec gouvernement central à Curaçao).

5H L'Amérique du Sud

1 Les dix grands pays et leurs capitales.

Argentine	capitale	Buenos Aires
Bolivie	capitale	La Paz
Brésil	capitale	Brasilia
Chili	capitale	Santiago
Colombie	capitale	Bogota
Equateur	capitale	Quito
Paraguay	capitale	Asuncion
Pérou	capitale	Lima
Uruguay	capitale	Montevideo
Venezuela	capitale	Caracas

2 Les trois territoires des Guyanes sont :

– le Guyana, ex-Guyane britannique, capitale Georgetown
– le Surinam, ex-Guyane hollandaise, capitale Paramaribo
– la Guyane française chef-lieu Cayenne.

3 Tous les Etats d'Amérique du Sud ont une façade maritime (sur la mer des Caraïbes, l'Océan Atlantique ou l'Océan Pacifique), à deux exceptions près : la Bolivie et le Paraguay.

4 Il s'agit de grandes villes portuaires, à l'exception de Santiago du Chili, qui est au pied de la Cordillère des Andes.

5 Toutes ces villes sont des capitales, à l'exception de Rio-de-Janeiro (qui ne l'est plus).

51 Le Brésil

1 *Les pays limitrophes du Brésil.*
Il fallait les cocher tous.

2 *La superficie du Brésil* dépasse 8,5 millions de km^2, soit plus de 15 fois la France.

3 *Sa population* dépasse 160 millions d'habitants, soit près de 3 fois la France.

4 *La capitale du Brésil* est une ville nouvelle : Brasilia, construite à l'intérieur du pays.
Ce n'est plus Rio de Janeiro, et ce n'est pas São Paulo.

5 *Le Brésil a remporté quatre fois* la Coupe du Monde de football, dont la dernière en 1994. Il a été finaliste en 1998 (match remporté par la France 3-0 le 12 juillet 1998).

6. L'Afrique

1 Superficie
L'Afrique est un continent massif, dont la superficie dépasse 30 millions de km^2. C'est donc le troisième continent par sa superficie, après l'Asie et l'Amérique, mais loin devant l'Europe ou l'Océanie.

2 Population
Elle approche de 800 millions d'habitants (en voie d'accroissement rapide malgré les guerres, les famines et les épidémies). D'après certaines estimations, elle dépasserait 1,6 milliard d'hommes en l'an 2025 (doublement en un quart de siècle).

3 Accroissement démographique
Le taux de mortalité est descendu à 13 pour mille, alors que le taux de natalité est resté très élevé, à plus de 40 pour mille.
A près de 30 pour mille, le taux d'accroissement naturel est de loin le plus élevé du monde.

4 Classement des fleuves africains selon leur longueur, arrondie à la centaine

1	Nil	6 700 km
2	Congo	4 700
3	Niger	4 200
4	Zambèze	2 600
5	Orange	2 100
6	Kassaï	2 000
7	Volta	1 900
8	Sénégal	1 700
9	Limpopo	1 600
10	Oubangui	1 300
11	Chari	1 200
12	Gambie	1 100

5 Classement des grands lacs africains

1	Victoria	68 000 km^2
2	Tanganyika	32 000
3	Malawi (ou Nyassa)	26 000
4	Tchad	10 000 à 26 000 (selon la saison)
5	Rodolphe	8 000
6	Albert	5 000 (ou Mobutu Sese Seko)

6 Toutes les villes citées sont des ports sur l'Atlantique, à l'exception de Djibouti (sur le golfe d'Aden, à l'entrée de la Mer Rouge).

7 Les ensembles géopolitiques. Le **MAGHREB** est un ensemble géopolitique composé, dans l'ordre alphabétique, par l'Algérie(Alger), la Libye (Tripoli), le Maroc(Rabat), la Mauritanie (Nouakchott), la Tunisie (Tunis). (C'est-à-dire les Etats de l'Afrique méditerranéenne, moins l'Egypte, plus la Mauritanie). Au-dessous vient le **SAHEL**, dont la situation est particulièrement préoccupante du fait de la sécheresse. L'Afrique sahélienne est composée par le Burkina Faso (ancienne Haute-Volta, Ouagadougou), le Mali (ancien Soudan français, Bamako), le Niger (Niamey) et le Tchad (N'Djamena). Ce sont des Etats vastes (plus de 4 millions de km2 au total), mais faiblement peuplés (30 millions d'habitants au total).
A l'**extrêmité occidentale** de l'Afrique se trouvent sept pays de faible superficie, mais de densité plus forte : le Cap Vert (Praia), la Gambie (Banjul), la Guinée (Conakry), la Guinée-Bissau (Bissau), le Libéria (Monrovia), le Sénégal (Dakar) et la Sierra Leone (Freetown).

NB : Vous pouvez les citer en exemple de la « balkanisation » de l'Afrique, ou pour illustrer le problème des « Etats minuscules ». Ainsi, les îles du Cap Vert atteignent juste 4 000 km^2 et 400 000 habitants (moins qu'un département français moyen), la Gambie 11 000 km^2 et 1 million d'habitants, la Guinée-Bissau 36 000 km^2 et 1 million d'habitants.
Les pays du **GOLFE de GUINÉE** sont, par ordre alphabétique, le Bénin (ex-Dahomey, Porto-Novo), la Côte d'Ivoire (Félix Houphouët-Boigny a fait transférer la capitale d'Abidjan

à Yamoussoukro), le Ghana (Accra), le Nigéria (Lagos, puis Abuja), le Togo (Lomé).
De l'ouest à l'est, il faudrait citer la Côte d'Ivoire, le Ghana, le Togo, le Bénin et le Nigéria.
Avec 920 000 km² et plus de 110 millions d'habitants, le Nigéria est l'Etat le plus peuplé d'Afrique. C'est une république fédérale, qui unit 30 Etats. Sa langue officielle est l'anglais, mais plus de 200 langues y sont parlées.

L'**AFRIQUE CENTRALE** comprend le Cameroun (Yaoundé), le Centrafrique (ou république centrafricaine, anciennement Oubangui-Chari, capitale Bangui), le Congo (Brazzaville), le Gabon (Libreville), la Guinée équatoriale (Malabo), Sao Tomé et Principe (capitale Sao Tomé), la République démocratique du Congo (le Zaïre). Ce pays (ex-Congo belge, capitale Kinshasa, ex-Léopoldville) pourrait aussi devenir un géant à l'échelle du continent grâce à sa superficie et à ses ressources (2 350 000 km², soit quatre fois la France, et plus de 50 millions d'habitants). Exemple *a contrario* : la république de Sao Tomé et Principe a moins de 1 000 km² et 120 000 habitants.

L'**AFRIQUE DE L'EST** comprend le Burundi (Bujumbura), le Kenya (Nairobi), l'Ouganda (Kampala), le Rwanda (Kigali), la Tanzanie (ex-Tanganyika et Zanzibar, capitale Dar-ès-Salam).
C'est la contrée des grands lacs (Victoria, Nyassa, Tanganyika...), et de la vallée du Rift (...qui formeront un nouvel océan dans quelques centaines de millions d'années, par suite de la « dérive des continents »).

L'**AFRIQUE DU NORD-EST** comprend la République de Djibouti (territoires des Afars et des Issas), l'Ethiopie (Addis-Abbeba) et la Somalie (Mogadishu). Elle est aussi appelée la « corne de l'Afrique ».
Au nord-est de l'Afrique, deux pays occupent la **vallée du Nil** : ce sont le Soudan (Khartoum) et l'Egypte (Le Caire), qui fut le berceau d'une civilisation millénaire.

L'**AFRIQUE SUBTROPICALE** comprend l'Angola (Luanda), le Malawi (ex-Nyassaland) (capitale Lilongwé), le Mozambique (Maputo), la Zambie (ex-Rhodésie du nord, Lusaka), le Zimbabwe (ex-Rhodésie du Sud) (capitale Hararé, ex-Salisbury).

L'**AFRIQUE AUSTRALE** comprend l'Afrique du Sud (ou République sud-africaine, Prétoria), le Botswana (Gaborone), le Lésotho (Maséru), la Namibie (Windhoeck), le Swaziland (Mbabané). Il vous faudra suivre dans l'actualité l'évolution de la situation en Afrique du Sud : risque-t-elle de sombrer dans le chaos, ou a-t-elle des chances de réussir une transition démocratique vers une société multiraciale ?
Frédéric de Clerck et Nelson Mandela ont obtenu conjointement le prix Nobel de la paix en octobre 1993, et Nelson Mandela est devenu chef de l'Etat en 1994.

Les pays de l'**OCEAN INDIEN** peuvent être rattachés géographiquement et politiquement à l'Afrique. Ce sont les Comores (république fédérale islamique, Moroni), Madagascar (Antananarivo), Maurice (Port-Louis), les Seychelles.
N'oubliez pas que la Réunion est un département français (chef-lieu Saint-Denis). L'île de Mayotte a obtenu de rester française (avec statut spécial).

8 L'Etat le plus peuplé d'Afrique est le Nigéria (p. 288).
Sa population dépasse 110 millions d'habitants.

9 Les cinq Etats les plus petits sont cités p. 287 et 288.

10 Le Congo belge est devenu le Zaïre, puis la République démocratique du Congo.
La Haute-Volta est devenue le Burkina-Faso.
L'Oubangui-Chari est devenu République centrafricaine.
La Rhodésie du nord est devenue la Zambie.
La Rhodésie du sud est devenue le Zimbabwe.
Le Soudan français est devenu le Mali.

6A Le Maroc

1 et 2 Le Maroc a une superficie de 450 000 km^2 et une population de près de 30 millions d'habitants.

3 Les pays voisins du Maroc sont la Mauritanie au sud, et l'Algérie à l'est.

Le Maroc a également des frontières communes avec l'Espagne (enclaves de Ceuta et Melilla sur la côte méditerranéenne).

Pénalisation pour Egypte, Libye, Mali, Niger, Sénégal et Tchad.

4 Toutes ces villes sont des ports sur l'Atlantique, à l'exception de Marrakech, grande ville de l'intérieur.

5 Il s'agit de villes situées à l'intérieur du Maroc, à l'exception de Tanger, port franc sur le détroit de Gibraltar.

6B L'Algérie

1 L'Algérie a une superficie de 2 400 000 km^2, soit plus de 4 fois la France.

2 Sa population dépasse 30 millions d'habitants (plus de la moitié de celle de la France).

6C L'Egypte

1 et 2 L'Egypte a une superficie d'1 million de km^2 et une population de près de 70 millions d'habitants (supérieure à celle de la France, et en accroissement rapide).

3 Toutes ces villes sont en Egypte, à l'exception de Khartoum, qui est la capitale du Soudan.
Toutes sont sur le Nil (ou son delta), à l'exception de Suez.

4 Toutes ces villes sont des ports sur la Méditerranée, à l'exception de Suez, qui est sur la mer Rouge.

5 Les pays voisins de l'Egypte sont la Libye, le Soudan, et Israël.

6 La vallée du Nil se situe entre le désert arabique et le désert lybique.
L'Egypte n'occupe pas le Sahara, qui est plus éloigné.

6D La Côte d'Ivoire

1 et 2 La Côte d'Ivoire a 322 000 km² et 16 millions d'habitants.

3 Les Etats voisins sont, de l'ouest à l'est, le Libéria, la Guinée, le Mali, le Burkina Faso, le Ghana.

4 Il s'agit des langues parlées en Côte d'Ivoire. Le français est la langue officielle.
Intrus, les Zoulous sont un peuple noir d'Afrique australe.

5 Il s'agit des cultures d'exportation de la Côte d'Ivoire, à l'exception des betteraves.

6 Il s'agit des cultures vivrières – à l'exception de l'acajou, produit du forestage.

7 Il s'agit des cultures industrielles, à l'exception du houblon (...cultivé en Alsace). Facile à trouver... mais avec un minimum d'attention.

6E Le Sénégal

1 et 2 Le Sénégal a près de 200 000 km² et près de 10 millions d'habitants.

3 Les pays voisins sont :

– au nord, la Mauritanie ;
– à l'est, le Mali ;
– au sud, la Guinée-Bissau et la Guinée (Conakry) ;
– une enclave au centre du pays, la Gambie (Banjul).

4 L'intrus est Tombouctou (ville du Mali).

5 Il s'agit des principaux fleuves du Sénégal, à l'exception du Niger.

6 Il s'agit des trois zones géographiques et climatiques du Sénégal. L'intrus est la zone équatoriale, puisque l'équateur est beaucoup plus au sud.

7 Il s'agit des principales cultures vivrières du Sénégal... à l'exception des endives.

8 Tous ces peuples se retrouvent au Sénégal, à l'exception des Bantous et des Zoulous.

9 Il s'agit des langues parlées au Sénégal. Le français est la langue officielle, le Ouolof est la langue nationale.
L'intrus est l'afrikaans, néerlandais parlé par les Afrikaners, descendant des Boers, en Afrique du Sud.

10 Il s'agit des œuvres du Président Léopold Sédar Senghor, ancien élève de l'Ecole normale supérieure, agrégé de grammaire, membre de l'Académie des sciences morales et politiques et de l'Académie française.
L'intrus est *L'œuvre au noir*, qui est de Marguerite Yourcenar.

6F Le Nigeria

1 et 2 Le Nigeria a 924 000 km² et plus de 110 millions d'habitants. C'est l'Etat le plus peuplé d'Afrique. Sa population s'accroît de plus de trois millions d'habitants par an.

3 En faisant le tour de l'ouest à l'est, les Etats voisins sont le Bénin, le Niger, le Tchad, le Cameroun.

4 Plus de 200 langues sont parlées au Nigeria. L'anglais est la langue officielle. Les trois langues principales sont le Haoussa (Nord), l'Igbo (Est), le Yorouba (Ouest).
L'intrus est évidemment le « belge ».

6G La République démocratique du Congo

1 La République démocratique du Congo (le Zaïre) a une superficie de 2 350 000 km^2, soit le quadruple de la France.

2 Population : 50 millions d'habitants.

3 Il s'agit des diverses populations... à l'exception évidemment des papous (qui sont en Nouvelle Guinée).

4 Il s'agit des langues parlées en République démocratique du Congo, à l'exception du malgache (Madagascar).

5 Les pays voisins sont le Congo (Brazzaville), la République centrafricaine (Bangui), le Soudan, l'Ouganda, le Rwanda, le Burundi, la Tanzanie, l'Angola.

6 Il s'agit des provinces du pays – à l'exception de la Kabylie (Algérie).

7 Il s'agit des principales productions minières... à l'exception évidemment du guano.

8 Il s'agit des principales villes... à l'exception de Kigali (capitale du Rwanda).

6H L'Afrique Australe

1 Les pays voisins de l'Afrique du sud sont, de l'ouest à l'est :
- la Namibie, (capitale Windhoek) ;
- le Zimbabwe (capitale Hararé) ;
- le Mozambique (capitale Maputo).

En outre, sont inclus à l'intérieur de ses frontières le Lesotho (capitale Maséru) et le Swaziland (capitale Mbabane).

Piège : le Transvaal n'est pas un Etat indépendant, mais une province d'Afrique du sud dont le chef-lieu est Pretoria. C'est la principale région minière et industrielle du pays.

2 L'Afrique du Sud a une superficie de 1 200 000 km^2 (plus de 2 fois la France), et une population de 44 millions d'habitants. Pour mémoire : parmi les Etats devenus récemment indépendants, deux ont une superficie plus grande que celle de la France, mais une population très faible :

– Botswana 600 000 km^2 et 1 400 000 habitants ;
– Namibie 824 000 km^2 et 1 600 000 habitants.

3 Toutes ces villes sont des ports importants, à l'exception de Johannesburg, centre industriel du Witwatersrand et la plus grande ville du pays.

61 Madagascar

1 et 2 La grande île a une superficie de 587 000 km^2 et une population de 15 millions d'habitants.

3 Elle a la forme d'un pied gauche.

4 Les villes citées sont toutes des ports sur l'Océan Indien ou le canal de Mozambique, à l'exception d'Antananarivo (Tananarive), la capitale, qui est à l'intérieur du pays.

5 Il s'agit des cultures d'exportation de Madagascar... à l'exception évidemment du chocolat.

6 Il s'agit des îles indépendantes de l'Océan Indien, à l'exception de Nossi-Bé, qui est une dépendance de Madagascar.

7. L'Asie

1 L'Asie est le plus grand des continents. Sa superficie est de l'ordre de 44 millions de km², soit près du tiers des terres émergées. *(80 fois la France)*

2 et 3 Elle abrite plus de 3,5 milliards d'habitants, soit environ 60 % de la population du globe. *(plus de 50 fois la France)*

4 Son poids peut encore s'accroître : d'après les prévisions pour l'an 2025, la Chine dépassera 1,5 milliard et l'Inde 1,3 milliard. Et l'on dénombrera aussi près de 300 millions d'Indonésiens, 200 millions de Pakistanais et presqu'autant de Bengalis. Le Japon, lui, connaît une relative stagnation démographique (120 millions).

5 D'après certaines projections, l'Asie pourrait même atteindre à elle seule cinq milliards d'hommes en l'an 2025 (c'est-à-dire autant que l'ensemble du globe en 1990).

6 *Quelles sont les grandes péninsules du continent ?*

Les trois grandes péninsules sont, de l'ouest à l'est :

– à l'ouest, la péninsule arabique ;
– au centre, l'Inde (on parle aussi de « subcontinent indien ») ;
– à l'est, la péninsule indochinoise.

Nous pouvons citer aussi la Malaisie et la Corée, et terminer par le Kamchatka.

Remarque

Lorsque vous êtes devant le jury, il vous faut présenter vos éléments de réponse dans un ordre logique. Cela vous facilite d'ailleurs à vous-même la tâche, en vous aidant à les retrouver. Et cela facilite aussi la mémorisation.

7 *Quels sont les plus grands golfes ?*

Attention pour les épreuves écrites : il faut évidemment mettre un *e* au mot golfe, et ne pas risquer de commettre une confusion avec le sport (golf). Depuis la « guerre du golfe » les jurys ont trouvé cette faute des milliers de fois...

Vous pouvez citer dans l'ordre, de l'ouest à l'est :

– le golfe arabique ou golfe d'Aden (entre la mer Rouge et la mer d'Oman) ;
– le golfe persique (cf. la « guerre du golfe » entre Saddam Hussein et les forces des Nations Unies) ;
– le golfe d'Oman et le golfe du Bengale, séparés par la péninsule indienne ;
– le golfe du Siam ;
– le golfe du Tonkin.

Piège signalé : une même entité géographique, un même golfe en l'espèce, peut avoir deux dénominations différentes.

8 *Pourriez-vous nous citer les noms des plus grands fleuves de l'Asie ?*

En principe, il faut les présenter dans un bon ordre géographique. Vous pouvez donc proposer au jury de lui citer successivement les fleuves de la Sibérie, de la Chine, puis de l'Inde.
Les grands fleuves de la Sibérie sont l'Ob, l'Iénisséi et la Léna.
Vous pouvez y ajouter l'Amour qui sert partiellement de frontière entre la Russie et la Chine. (cf. les « astuces » relatives à la question prétendûment posée de façon très fréquente par les jurys : « Pourriez-vous nous parler de l'Amour ? »).
Les grands fleuves de la Chine sont le Huang-Ho (ou Fleuve Jaune, 5 200 km) et le Yang-Tsé-Kiang (ou Fleuve Bleu, 5 500 km).
Les deux grands fleuves du subcontinent indien sont l'Indus et le Gange.
Vous pourriez citer aussi les deux fleuves mythiques de l'ancienne Mésopotamie : le Tigre et l'Euphrate.

Piège : les deux grands fleuves de Chine étaient cités sous deux noms différents. Il fallait donc effectuer le rapprochement entre les deux dénominations anciennement apprises dans vos manuels de géographie.

9 *Quels sont les grands lacs de la Sibérie ?*

Les deux grands lacs de la Sibérie sont le lac Baïkal et le lac Balkach.
Les autres noms sont fantaisistes (ce sont des noms de villes, et pas de lacs).

10 *Quelles sont les principaux archipels géographiquement rattachés à l'Asie ?*

Les trois principaux archipels sont situés à l'est du continent : ce sont le Japon (archipel nippon), les Philippines et l'Indonésie.

Rappel

Il faut toujours donner vos énumérations dans un ordre logique. En l'espèce, en allant du nord au sud.

Pourriez-vous nous citer d'autres grandes îles ?

Outre les grandes îles appartenant aux archipels précités, nous pouvons trouver :
– Sakhaline, à l'est de la côte russe ;
– Formose (ou Taiwan), au large de la Chine ;
– Ceylan (ou Sri-Lanka), au sud-est de la péninsule indienne.

Piège : dans les deux derniers cas, comme dans celui du Japon, il y avait deux noms différents, et le bon candidat devait penser à les rapprocher.

7A La Turquie

1 Superficie : 780 000 km²

2 Population : plus de 65 millions d'habitants, (vu la croissance démographique rapide, plus de 2 % par an, la population de la Turquie dépasse maintenant celle de la France).

3 Capitale : Ankara

La Turquie occupe un bloc important de l'Asie occidentale (l'Anatolie, dite autrefois Asie mineure), et il lui reste une petite partie européenne (la Thrace, avec son ancienne capitale, Istamboul ou Istambul).

4 La population comporte des minorités importantes : arabe, grecque, arménienne et surtout kurde (7 à 20 % selon les estimations). Il vous faut suivre dans l'actualité le problème des minorités.
La péninsule anatolienne est constituée d'un plateau central massif, bordé de chaînes périphériques. Le point culminant est le mont Ararat, volcan éteint d'Arménie (5 165 mètres, soit plus de 300 mètres de plus que le Mont-Blanc, mais 500 mètres de moins que l'Elbrouz, qui est le plus haut sommet du Caucase).
La Turquie possède plus de 8 000 km de littoral qui lui permettent, avec ses nombreux sites historiques, d'être un important pays touristique.

5 La ville principale est Istambul, avec près de 6 millions d'habitants. Elle fut dénommée, sous l'antiquité, Byzance, puis Constantinople. Elle fut la capitale de l'empire romain d'orient, jusqu'à sa chute en 1453 (date qui est souvent considérée comme marquant la fin du Moyen-Age).
La Turquie souhaite de longue date une association plus étroite avec l'Union européenne. Elle lui a fourni des contingents importants de travailleurs immigrés, notamment à l'Allemagne. Il vous faut suivre leur destin dans l'actualité...
Vous pourrez réviser, en histoire, les grandes lignes du destin de l'empire ottoman. La Turquie reste une puissance régionale importante. Son influence peut s'accroître encore, après la disparition de l'URSS et l'accession à l'indépendance des républiques turcophones du Caucase et de l'Asie Centrale.

6 Les villes citées sont toutes des ports, à l'exception d'Ankara, qui est à l'intérieur du pays, sur le plateau anatolien.

7B Les pays du Proche-Orient

1 Les 3 ensembles géographies

a – Les cinq pays du « croissant fertile » et leurs capitales

Irak	capitale	Bagdad
Israël	capitale	Jérusalem
Jordanie	capitale	Amman
Liban	capitale	Beyrouth
Syrie	capitale	Damas

b – Les sept pays de la péninsule arabique et leurs capitales

Arabie Saoudite	capitale	Riyad
Bahrein	capitale	Manama
Emirats arabes unis	capitale	Abu Dhabi
Koweit	capitale	Koweit
Oman	capitale	Mascate
Qatar	capitale	Doha
Yémen	capitale	Sanaa

c – Les trois pays du Moyen-Orient et leurs capitales

Afghanistan	capitale	Kaboul
Iran	capitale	Téhéran
Pakistan	capitale	Islamabad

7C Les pays du subcontinent indien

1 Attention : il y avait deux pièges...
Sri Lanka est le nom de Ceylan en cinghalais.
Dacca et Dhaka sont une seule et même ville.

A noter : le Pakistan peut aussi être classé avec les pays du Moyen-Orient.

Bangladesh (ex-Pakistan Oriental)	Dacca ou Dhaka
Bhoutan	Timbou

Ceylan ou Sri Lanka	Colombo
Maldives	Malé
Népal	Katmandou
Pakistan	Islamabad
République Indienne	New-Delhi

2 Le **Bangladesh** est un petit pays (144 000 km^2, soit moins du tiers de la France), mais il est surpeuplé (125 millions d'habitants, soit nettement plus du double de notre population).

3 L'**Inde** est un grand pays : près de 3 300 000 km^2, soit 6 fois la France. Sa population approche le milliard d'habitants, soit plus de 16 fois la nôtre, et 1/6 de la population mondiale.
Et voici un cas où la bonne réponse est celle qui pourrait sembler aberrante : outre l'hindi et l'anglais, qui sont les deux langues officielles, plus de 1 600 langues et dialectes sont parlés dans le pays.
Les **hindous** sont environ 700 millions. Leur religion est donc nettement dominante. (Les musulmans sont près de 100 millions).

4 **Les comptoirs des Indes**. De nombreux établissements français furent fondés aux Indes à la fin du XVIIe siècle et au milieu du XVIIIe siècle.
Outre quelques zones portuaires autonomes, la France conserva cinq comptoirs restés célèbres dans l'image populaire : Pondichéry, Chandernagor, Karikal, Yanaon et Mahé.
Ils furent restitués à l'Inde par la IVe République. Quelques liens culturels subsistent (lycées français).
Il ne faut pas encombrer votre mémoire en faisant trop d'efforts... mais les noms de nos cinq anciens comptoirs sont faciles à retenir, en raison de leur caractère à la fois pittoresque et euphonique. De nombreuses chansons leur ont été consacrées à la « Belle Epoque ».

7D Les pays de l'Indochine

L'Indochine est une grande péninsule du sud-est asiatique, située, comme son nom l'indique, entre l'Inde et la Chine.
Elle est occupée par six Etats qui sont, de l'ouest à l'est, ou du nord au sud :

– la Birmanie (Myanmar), capitale Rangoon ;
– la Thaïlande (ex-Siam), capitale Bangkok ;
– le Laos, capitale Vientiane ;
– le Vietnam, capitale Hanoï ;
– le Cambodge (Kampuchéa), capitale Pnom-Penh ;
– la Malaisie, capitale Kuala-Lumpur.

Pièges : Le nombre des pays est six, et non pas neuf (trois doubles emplois).
Saïgon, devenue Ho-Chi-Minh Ville, n'est plus une capitale.
Louang-Prabang était l'ancienne capitale royale du Laos.

7E L'Asie du sud-est et les pays insulaires

Il s'agit de huit pays au total qui sont, de l'ouest à l'est : la Malaisie (Kuala Lumpur), Singapour (île et grande ville), l'Indonésie (Jakarta), Brunéi (Bandar Seri Bagawan) et les Philippines (Manille), et plus au nord Macao (presqu'île et ville), enfin Taïwan (Taipeh).

Ces pays sont en voie d'industrialisation rapide. L'Indonésie, de par son étendue (près de 2 millions de km^2), sa population (200 millions d'habitants), et ses ressources, pourrait avoir vocation à devenir une grande puissance régionale.

NB : A suivre dans l'actualité : le destin de Hong Kong, qui a réintégré la Chine au 1er juillet 1997.

7F L'Asie du nord-est ou Extrême-Orient

Elle comprend géographiquement :

- la partie extrême orientale de la Russie ;
- la Chine, capitale Beijing (Pékin) ;
- la Mongolie, capitale Oulan-Bator ;
- la péninsule de Corée, divisée en deux Etats, Corée du Nord (Pyong-Yang) et Corée du Sud (Séoul) ;
- l'Archipel nippon (le Japon a pour capitale Tokyo).

Elle est donc le lieu de rencontre de trois grandes puissances du monde moderne qui ont un passé long et souvent brillant : la Russie, la Chine et le Japon.

NB : Les îles aléoutiennes sont le prolongement de l'Alaska. Elles appartiennent aux Etats-Unis, après leur avoir été cédées par la Russie en 1867. Elles permettent de relier l'Asie septentrionale à l'Amérique.

7G La Chine

1 Superficie : 9 600 000 km^2
(troisième rang mondial) (17,4 fois la France)

2 Population : 1,25 milliard
(premier rang mondial) (plus de 20 fois la France).

3 Etats limitrophes
Au nord : Kazakhstan, Mongolie, Russie, Corée du nord (mais non la Corée du sud).
A l'ouest : Kirghizistan, Tadjikistan, Afghanistan.
Au sud-ouest : Népal, Boutan, Inde.
Au sud : Birmanie, Laos, Vietnam

NB : Le Japon, les Philippines et Taïwan n'ont pas de frontière terrestre avec la Chine.

4 Mers baignant les côtes de la Chine, du nord au sud :

Mer Jaune
Mer de Chine orientale
Mer de Chine méridionale

Piège : la mer de Chine septentrionale et la mer de Chine occidentale n'existent pas.
Pénalisation pour mer d'Aral et Mer Morte.

7H Le Japon

1 Le premier nom donné au Japon a été Cipango ou Cipangu. Il nous vient de Marco Polo qui, pendant son séjour en Chine, avait repris l'une des expressions courantes à l'époque.

2 Liste des principales îles

Les plus grandes	Du nord au sud
1 Honshu	1 Hokkaïdo
2 Hokkaïdo	2 Honshu
3 Kyushu	3 Shikoku
4 Shikoku	4 Kyu-Shu
5 Ryu-Kyu	5 Ryu kyu

3 Superficie : 380 000 km^2 (soit les 2/3 de la France).

4 Population : 125 millions d'habitants (soit plus de 2 fois la France).

5 L'aviation japonaise attaqua la base américaine de Pearl Harbor (îles Hawaï) le 7 décembre 1941. *Pénalisation* forte pour 1917, New York et San Francisco.

6 Les bombes atomiques furent lâchées sur Hiroshima le 6 août 1945 et sur Nagasaki le 9 août 1945. (Il fallait donc cocher deux fois deux cases.)

71 Les pays d'Asie Centrale

1 et 2 Cinq républiques sont devenues indépendantes depuis 1991. Elles occupent de vastes territoires entre la mer Caspienne à l'ouest et la Chine à l'est.
L'ensemble représente près de 4 millions de km^2, et est peuplé de plus de 50 millions d'habitants.

Kazakhstan

Superficie : 2 700 000 km^2 (soit 5 fois la France)
Population : 17,5 millions d'habitants
Capitale : Alma-Ata

Au centre du pays se trouve la base spatiale de Baïkonour. Un grave problème se pose du fait de l'arsenal nucléaire installé par l'URSS.

Kirghizstan

Superficie : 200 000 km^2
Population : 4,5 millions d'habitants
Capitale : Bichkek
(Etat frontalier de la Chine)

Ouzbékistan

Superficie : 450 000 km^2
Population : 23 millions d'habitants
Capitale : Tachkent

Tadjikistan

Superficie : 143 000 km^2
Population : 6 millions d'habitants
Capitale : Douchanbé
(Etat frontalier de l'Afghanistan au sud, et de la Chine à l'est).

Turkménistan

Superficie : 490 000 km^2

Population : près de 5 millions d'habitants
Capitale : Achkhabad

Le Turkménistan a un débouché à l'ouest sur la mer Caspienne. Il est frontalier, au sud, de l'Iran et de l'Afghanistan.

Questions à étudier dans l'actualité pour ces divers pays :

– les problèmes frontaliers,
– l'exploitation du pétrole,
– le développement de l'Islam.

8. L'Océanie et l'Antarctique

8A L'Océanie

1 et 2 L'Océanie est considérée comme le dernier des continents, ou plus exactement la cinquième partie du monde (pour mémoire : l'Antarctique est plus étendu...).

Superficie : 9 millions de km^2
Population : 30 millions d'habitants
Soit plus de 15 fois la France pour la superficie, et la moitié de la France pour la population.

3 Composantes de l'Océanie

Trois ensembles principaux et environ 10 000 îles

- l'**Australie**, qui pourrait être considérée comme un continent à elle seule ;
- la **Nouvelle-Guinée** (dont l'Indonésie occupe la partie occidentale) ;
- la **Nouvelle-Zélande** ;
- et environ 10 000 îles d'origine volcanique ou corallienne.

Les trois principaux **groupes d'archipels** sont la **Mélanésie**, la **Micronésie** et la **Polynésie**.

4 L'Océan Pacifique a été découvert par Magellan, qui l'avait surnommé le « Grand Océan ».

5 C'est le plus vaste des océans. Il occupe environ 180 millions de km^2, soit près du tiers de la superficie du globe et plus que l'ensemble des terres émergées.
Au nord, il est séparé de l'océan Arctique par le détroit de Béring. Au sud, il s'ouvre largement sur l'océan Antarctique.

6 L'Océan Pacifique est bordé de fosses très profondes. Le point le plus bas est à moins 11 500 mètres, dans la fosse du Challenger, à l'ouest de la fosse des Mariannes.

7 Le point culminant de l'Océanie est en Nouvelle Guinée.

8 La **ceinture de feu** du Pacifique est un ensemble d'îles d'origine volcanique– avec de nombreux volcans en activité, et parfois des éruptions catastrophiques.

9 Le nombre de langues locales en Papouasie serait d'environ 700. La Papouasie est la partie orientale de la Nouvelle Guinée, la plus grande île du monde (785 000 km^2, après l'Australie et le Groenland).
Sa partie occidentale est l'Irian Jaya, province d'Indonésie. Le pic Jaya (plus de 5 000 m) est le point culminant de l'Océanie. Sa partie orientale est la Papouasie.

Papouasie – Nouvelle Guinée

Superficie : 462 000 km^2
Population : 4 millions d'habitants.
Capitale : Port-Moresby
(C'est un Etat du Commonwealth)

On découvre encore parfois en Papouasie de petites tribus primitives n'ayant jamais eu de contact avec la civilisation moderne.
Le problème de la sauvegarde des tribus est très préoccupant du point de vue des droits de l'homme (question à rapprocher de celle des indiens d'Amazonie et des pygmées ou des boshimans ou bushmen en Afrique).

Pour mémoire

La guerre du Pacifique est un ensemble d'opérations militaires qui se déroulèrent au cours de la Seconde guerre mondiale de 1941 à 1945. Le début fut marqué par l'attaque japonaise contre Pearl Harbor (7 décembre 1941). Le Japon capitule après le largage de bombes atomiques sur Hiroshima et Nagasaki (août 1945).

10 En l'an 2000, les Jeux Olympiques auront lieu à Sydney.

11 et **12** **La France en Océanie.**

Appartiennent à la France : la Nouvelle-Calédonie, Futuna, la Polynésie et Wallis.

Piège : la Nouvelle-Bretagne n'est pas française... Elle est placée sous tutelle de l'Australie.

Bonification : expliquer qu'il s'agit de nos trois **territoires d'outre-mer** :

– Nouvelle-Calédonie
– Polynésie **française** (partie spécifiquement française de la Polynésie, qui est un immense ensemble)
– Wallis et Futuna

(penser à les relier : administrativement, c'est un même territoire).

Les villes françaises sont : Mata-Utu, Nouméa, Papeete.

Bonification : préciser qu'il s'agit des chefs-lieux de nos trois territoires d'outre-mer :

Mata Utu pour Wallis et Futuna
Nouméa pour la Nouvelle-Calédonie
Papeete pour la Polynésie française (Tahiti)

La France est présente dans trois territoires d'outre-mer (TOM), auxquels la Constitution de 1958 a accordé un régime particulier.
Nous vous les présentons en allant de l'ouest à l'est.

Nouvelle-Calédonie

Superficie : 19 000 km^2
Population : 170 000 habitants
Chef-lieu : Nouméa (60 000 habitants)

Pour mémoire : un référendum local est prévu pour 1998 afin de permettre aux habitants de se prononcer sur l'indépendance.

Wallis et Futuna (deux ensembles d'îles)

Wallis : 159 km^2
Futuna : 115 km^2
Population : 15 000 habitants
Chef-lieu : Mata-Utu

Polynésie Française

Superficie : 4 200 km^2
Population : 200 000 habitants
Chef-lieu : Papeete (à Tahiti)

Il s'agit d'un ensemble d'archipels qui s'étendent sur 5 millions de km^2 d'océan, et comprenant notamment :

- l'archipel de la Société (TAHITI et ses dépendances)
- l'archipel des Tuamotu
- l'archipel des Gambier
- l'archipel des Marquises
- les îles australes ou tubuai
- Rapa et les îlots de Bass
- l'ilôt de Clipperton (atoll inhabité de 1,6 km^2, qui fut disputé entre le Mexique et la France).

Les petites îles indépendantes du Pacifique

Belau ou Palau

Superficie : 488 km^2
Population : 14 000 habitants
Capitale : Koror

Fidji

Superficie : 18 000 km^2
Population : 750 000 habitants
Capitale : Suva

Kiribati

Superficie : 728 km^2
Population : 75 000 habitants
Capitale : Bairiki
(anciennes îles Gilbert, indépendante depuis 1979)

Nauru

Superficie : 21 km^2
Population : 10 000 habitants
Capitale : Yaren

Samoa

Superficie : 2842 km^2
Population : 160 000 habitants
Capitale : Apia

Iles Salomon

Superficie : 28 000 km^2
Population : 350 000 habitants
Capitale : Honiara

Tonga

Superficie : 700 km^2
Population : 100 000 habitants
Capitale : Nuku Alofa

Tuvalu

Superficie : 26 km^2
Population : 10 000 habitants
Capitale : Funafuti
(anciennes îles Ellice, indépendantes depuis 1978)

Vanuatu

Superficie : 15 000 km^2
Population : 100 000 habitants
Capitale : Port-Vila

Pour mémoire : il s'agit de l'ancien condominium franco-britannique des Nouvelles-Hébrides.

Deux grandes puissances régionales

L'Australie

Superficie : 7 700 000 km^2
Population : 18 000 000 d'habitants
Capitale : Canberra

Villes principales : Adélaïde, Brisbane, Melbourne, Perth, Sydney.
Sydney est la principale métropole de l'Australie (3,5 millions d'habitants).
A l'origine (fin de XVIIIe siècle), c'était un simple campement de bagnards.
Sydney a été choisie pour accueillir les Jeux Olympiques en l'an 2000.

La Nouvelle-Zélande

Superficie : 270 000 km^2
Population : 3,5 millions d'habitants
Capitale : Wellington
Ville principale : Auckland (800 000 habitants)

8B L'Antarctique

1 Superficie : 13 à 14 millions de km^2, soit plus de 24 fois la France.

2 L'Amérique latine est à près de 1 000 km, la Nouvelle-Zélande à 2 000 km, l'Australie à plus de 3 000 km, l'Afrique du sud à près de 4 000 km.

3 Répartition des terres australes

□ *a* - Secteur Atlantique

Falkland ou Malouines Géorgie du sud Orcades du sud Sandwich du sud Shetlands du sud	Grande-Bretagne
Ile Bouvet	Norvège

□ *b* - Océan Indien

Amsterdam Crozet Kerguelen Saint-Paul	France
Heard	Australie
Marion Iles du Prince Edouard	Afrique du sud

□ *c* - Secteur Pacifique

Antipodes Auckland Bounty Campbell	Nouvelle-Zélande
Macquarie	Australie

4 Le plus grand iceberg actuel a 13 000 km^2, soit la superficie de 2 ou 3 départements français.

5 Le point culminant du continent est le Mont Vinson qui, selon certaines estimations, approche de 5 200 m.

6 L'Antarctique est recouvert d'une couche de glace permanente souvent épaisse de plusieurs milliers de mètres. De ce fait, ce continent détient plus de 60 % des réserves d'eau douce du globe.

9. Actualité mondiale

1 Jiang ZEMIN est président de la République populaire de Chine depuis 1993.
Deng XIAOPING, qui fut vice-premier Ministre de Mao Zedung, puis longtemps au pouvoir, est mort en 1997.
Zhu RONGJI est premier Ministre depuis mars 1998.

2 William Jefferson, dit Bill CLINTON (né en 1946 en Arkansas) est le 42e Président des Etats-Unis. Il fut élu en 1992 contre le sortant George Bush, et réélu facilement en 1996 contre Robert Dole. Les prochaines élections présidentielles auront donc lieu en l'an 2000.

3 Nelson MANDELA (né en 1918) est le Président de l'Afrique du Sud depuis mai 1994, après les premières élections multiraciales. Il avait obtenu le Prix Nobel en 1993, conjointement avec Frédéric De Klerk.

4 Né à Jérusalem en 1922, Yitzhak RABIN était chef d'état-major général et fut l'artisan de la victoire lors de la Guerre des Six Jours en 1967.
Il succéda à Golda Meir à la tête du Gouvernement de 1974 à 1977, fut ensuite Ministre de la Défense dans le Gouvernement d'Union nationale, et redevint Premier Ministre en 1992.
Il obtint le Prix Nobel de la Paix en 1994, conjointement avec Shimon Peres et Yasser Arafat.
Peu après la signature de l'accord intérimaire israélo-palestinien sur Gaza et la Cisjordanie, il fut assassiné par un juif extrémiste (novembre 1995).

5 Né en 1935, le roi HUSSEIN de Jordanie est resté au pouvoir pendant près de 50 ans. Il a succédé à son père en 1952, et est décédé du cancer en 1999.

Il a réussi à se maintenir au pouvoir dans un contexte très difficile, et a signé un traité de paix avec Israël en 1994.

6 Rigoberta MENCHU est une indienne maya, qui incarne la résistance guatémaltèque. Elle obtint le Prix Nobel de la Paix en 1992.
Miguel Angel Asturias est un écrivain guatémaltèque, d'origine maya, qui obtint le Prix Nobel de Littérature en 1967.
Les autres noms cités sont ceux de divers politiciens du pays.

7 Le CHIAPAS est un Etat du sud-est du Mexique, bordé par le Pacifique, à la frontière du Guatemala. Une violente rébellion y est menée par les Indiens qui se réclament du révolutionnaire Emiliano Zapata (revendications : autonomie et réforme agraire).

8 Le CACHEMIRE est la principale source de conflit entre l'Inde et le Pakistan. C'est une région de haute montagne (Himalaya occidental et Karakoram), située au nord de l'Inde et au nord-est du Pakistan. Un grave conflit armé a eu lieu au moment de la partition en 1947-1948 (cessez-le-feu imposé en 1949 par l'ONU). Une partie du Cachemire est aussi occupée par l'armée chinoise.
Le Bangladesh est la partie musulmane du Bengale (oriental, ancien Pakistan oriental). C'est un Etat indépendant depuis 1971. Le Bhoutan et le Népal sont deux petits Etats indépendants, au cœur de l'Himalaya.

9 Les deux ethnies qui s'opposent au Rwanda sont les HUTUS et TUTSIS ; 1 à 2 millions de Tutsis ont été massacrés depuis 1994. Beaucoup de Tutsis se sont réfugiés au Congo (Zaïre), au Burundi et en Tanzanie.

10 Pour Boris ELTSINE, tout est exact, sauf la dernière proposition. Boris Eltsine a joué un rôle décisif dans la résistance démocratique au putsch d'août 1991 à Moscou. Il imposa alors le transfert des pouvoirs de l'URSS à la Russie. Il fit adopter une nouvelle Constitution, renforçant les pouvoirs présidentiels.
Malgré son mauvais état de santé, il fut réélu en 1996.

11 Né en 1933 à Tokyo, AKIHITO est le 125e Empereur de Japon.
Il a succédé en 1989 à son père Hirohito.
Son ère dynastique a pour nom Heisei = accomplissement de la Paix.

10. Actualité de la construction européenne

1 Les grands textes de la construction européenne.
1. Traités de Rome : 25 mars 1957. Création de la Communauté économique européenne (CEE ou Marché Commun) et de la Communauté européenne de l'énergie atomique (CEEA ou Euratom).
2. En 1985, accords de Schengen sur la libre circulation des personnes.
3. Traité de Maastricht, négocié entre les membres de l'Union européenne en décembre 1991, et signé le 7 février 1992.
4. Traité d'Amsterdam, en cours de ratification (après un « sommet » des Quinze en juin 1997).

2 Maastricht est une ville des Pays-Bas, chef-lieu du Limbourg, sur la Meuse (Maas).

3 Schengen est une petite localité luxembourgeoise (moins de 400 habitants), proche des frontières allemande et française.

4 L'actuelle Commission européenne est entrée en fonctions en 1995. Son renouvellement aura donc lieu en l'an 2000.
Le président de la Commission est Jacques SANTER (luxembourgeois). Les deux vice-présidents sont Sir Leon Brittan (anglais) et Manuel Marin (espagnol).
Les deux commissaires français sont Edith Cresson et Yves Thibault de Silguy.

5 La PESC est la politique étrangère et de sécurité commune.

6 Le nom initialement prévu pour la monnaie européenne n'était pas l'Euro, mais l'ECU (European Currency Unit).

7 Le drapeau européen a 12 étoiles d'or, disposées en cercle sur fond d'azur. En l'espèce, douze est un nombre invariable, symbole de la perfection et de la plénitude.

8 Né en 1930, Helmut KOHL est devenu président de la CDU en 1973. Il est devenu chancelier en 1982 grâce à une victoire électorale sur la coalition socialo-libérale d'Helmut Schmidt. Il a réalisé la réunification de l'Allemagne. Il a été pendant seize ans l'un des grands artisans de la construction européenne. Il a dû laisser le pouvoir en 1998 à Gehrard Schroëder.

9 Tony BLAIR est devenu Premier Ministre à la suite de la victoire travailliste aux élections de 1997.

10 La durée du mandat du Parlement européen est de cinq ans. Dates des élections depuis son institution : 1979 - 1984 - 1989 - 1994 - 1999 et les prochaines en 2004.

Ultimes conseils par P.-F. Guédon

Conseiller en Formation

Les exercices en forme de QCM se sont multipliés à l'université comme dans les examens et concours. Arrivés à la fin de cet ouvrage, vous en avez certainement compris la justification, dans le domaine de la culture générale comme dans celui des épreuves techniques et vous avez un bon aperçu des attentes des jurys.

Cet ouvrage vous aura permis, nous l'espérons, une bonne révision de vos bases historiques et littéraires, et un agréable « tour du monde » géographique, ainsi qu'un bon entraînement aux divers types de tests et QCM. En même temps, vous vous êtes familiarisé avec les techniques des jurys, leur méthode d'élaboration des questions, les diverses formulations possibles et les pièges à éviter.

Il vous faut donc maintenant chercher à valoriser vos acquis, à travailler la mémorisation et la vitesse, pour devenir encore plus performant.

Pour travailler la vitesse, vous referez ces QCM, si possible à « 50 à l'heure ». Peut-être même arriverez-vous à « 100 à l'heure » si vous êtes un champion...

Pour la mémorisation et la synthèse, et pour conforter vos bases en culture générale, il sera bon de relire quelques ouvrages fondamentaux. Nous vous recommandons notamment, dans la même collection, l'ouvrage consacré aux ARTS ET LETTRES (les époques, les courants et les genres), par M.-J. Gourmelin-Berchoud et D. Serre-Floersheim.

Dans le domaine des chiffres, vous pourrez suivre la publication de nouvelles statistiques par vos quotidiens ou hebdomadaires habituels. Vous pourrez noter des chiffres-clés sur cet ouvrage, ou vous constituer un recueil de fiches.

Vous travaillerez aussi conjointement avec le second tome de QCM publié dans la même collection : Economie et Société françaises, par J.-F. Guédon (Ecole nationale d'Administration) et Sandrine Gelin (Institut d'Etudes Politiques de Strasbourg).

Les QCM peuvent se pratiquer seul, dans les conditions des épreuves écrites. Ils peuvent aussi être effectués en groupe ou en famille, comme un jeu, ou dans l'optique des épreuves orales des examens et concours.

Vous constaterez certainement, au fur et à mesure de ces travaux, une amélioration de votre mémoire et de votre sens des chiffres. Et certainement aussi de votre vivacité intellectuelle. Ou encore, nous l'espérons, de votre capacité de réflexion.

Continuez donc à bien vous entraîner au QCM. Cela vous sera utile sur le plan personnel comme sur le plan professionnel.

Chaque journée peut et doit comporter pour vous de multiples occasions d'enrichissement culturel, grâce à vos lectures ou aux moyens audiovisuels, et grâce aux contacts humains.

Profitez bien de toutes les occasions pour cultiver votre mémoire, et pour exercer votre sagacité et votre agilité intellectuelle.

Pierre-François GUÉDON*

** Pierre-François GUÉDON a effectué ses études scientifiques à l'Université de Paris VI Pierre et Marie Curie. Il parcourt maintenant la France comme conseiller en Formation. Spécialiste des QCM, il a contribué à plusieurs ouvrages publiés aux ÉDITIONS d'ORGANISATION.*

Composition - Mise en page
LANGLOIS PAO FAB - 14410 VASSY

Achevé d'imprimer : JOUVE Paris
N° d'éditeur : 2251
N° d'imprimeur : 304421K
Dépôt légal : Février 2002

Imprimé en France

A propos du CD-Rom

Sur le CD-Rom, l'intégralité du livre transformé en logiciel interactif !

Les avantages de ce format

- une approche plus ludique,
- des réponses instantanées,
- le calcul immédiat de votre score,
- des questions aléatoires, en choisissant un domaine, un lieu, une époque,
- un accès rapide aux informations sur les personnages célèbres.

Ce CD-Rom permet la gestion de 5 utilisateurs différents sur une même machine.

Configuration

• *Logiciel requis*

Cette application a été développée pour fonctionner sur un navigateur Internet tel que Netscape Navigator (version supérieure ou égale à 4.5) ou Microsoft Internet Explorer (version supérieure ou égale à 5).

• *Matériel et système d'exploitation requis*

PC : Processeur Pentium avec 32 Mo, avec Windows 9x, Windows NT ou Linux.
Macintosh : Processeur Power PC ou Gx avec 32 Mo, avec Mac OS 8 ou 9.

Comment connaître la version de votre navigateur ?

Si vous possédez déjà un navigateur sur votre ordinateur mais que vous n'en connaissez pas la version, vous pouvez afficher la version en suivant les instructions suivantes :

• *Netscape Navigator :*
Cliquez sur le menu "Aide" et sélectionnez "A propos de Communicator"

• *Internet Explorer :*
Cliquez sur le menu "?" et sélectionnez "A propos d'Internet Explorer"

Si votre navigateur n'est pas conforme aux spécifications minimales

Vous trouverez dans le répertoire /Util les versions adéquates de ces logiciels.
Internet Explorer n'a jamais été porté sous Linux.

Pour lancer l'application

Il vous suffit d'insérer le CD-Rom dans votre lecteur, de cliquer sur l'icône du CD et de double-cliquer sur le fichier qcm1.htm.

Note : Tous les efforts ont été faits pour tester avec soin ce CD-Rom et les applications qu'il contient. Néanmoins, l'éditeur ne pourra en aucun cas être tenu responsable des préjudices ou dommages de quelque nature que ce soit pouvant résulter de l'utilisation de ces applications.
Cependant, en cas de défaut matériel, veuillez adresser votre réclamation à :
multimedia@eyrolles.com